高中教学管理创新研究

赵俊江◎著

中国出版集团 现代出版社

图书在版编目（CIP） 数据

高中教学管理创新研究／赵俊江著．-- 北京：现代出版社，2023.12

ISBN 978-7-5231-0584-9

Ⅰ.①高… Ⅱ.①赵… Ⅲ.①高中-教学管理-研究 Ⅳ.①G637.3

中国国家版本馆 CIP 数据核字（2023）第 211167 号

著　　者　　赵俊江
责任编辑　　张　霆

出 版 人　　乔先彪
出版发行　　现代出版社
地　　址　　北京市安定门外安华里 504 号
邮政编码　　100011
电　　话　　（010）64267325
传　　真　　（010）64245264
网　　址　　www.1980xd.com
印　　刷　　北京四海锦诚印刷技术有限公司
开　　本　　185mm×260mm　1/16
印　　张　　7
字　　数　　152 千字
版　　次　　2024 年 4 月第 1 版　2024 年 4 月第 1 次印刷
书　　号　　ISBN 978-7-5231-0584-9
定　　价　　58.00 元

前 言

在当前高中教育发展形势下，高中教学的重要性逐步凸显，在落实教学管理中，校方应结合实际情况，树立科学客观的教育目标，并制定完善的教学方案，将各个环节的工作落实到位，以有效提升教学水平，同时促进高中教学质量的稳步提升。

鉴于此，笔者撰写了《高中教学管理创新研究》一书，本书在内容编排上共设置五章：第一章作为本书论述的基础和前提，主要阐释教学管理的含义与理念、高中教学管理目标与原则、高中教学管理的环节及改革方向；第二章是高中教学管理的组织体系，内容涵盖教学组织与管理制度、校园文化与课堂管理、教师管理与学生培养；第三章分析高中美育教学管理创新；第四章探究高中信息化教学管理的体系、模式、平台建设以及创新策略；第五章突出创新性，围绕高中教学管理中的多媒体技术应用、高中教学管理中的微格教学应用、高中教学管理中的现代远程教育实践进行研究。

全书结构科学、论述清晰，力求达到理论与实践相结合，让读者在学习基本方法和理论的同时，注重教育教学的思维、理念和精神，以达到提高能力、提升素质的目的。

笔者在撰写本书的过程中，得到了许多专家学者的尽心指导与鼎力支持，在此表示真挚的谢意。由于涵盖内容较多、篇幅有限、时间仓促以及笔者的视野局限性，尽管主观上尽了最大努力，但书中所涉及的内容难免有疏漏之处，希望各位读者提出宝贵意见，以便笔者进一步修改，从而使本书日臻完善。

目 录

第一章 高中教学管理的理论审视

第一节 教学管理的含义与理念

一、教学管理的含义

教学管理①主要包括以下四层含义。

第一，想要提高教学管理效果，需要有好的教学管理理念。理念是行动的基础，在进行教学管理过程中需要具有侧重性与指导性的中心思想，通过该思想理念来进行规范管理。不同教学理念下所呈现出来的教学管理实践也会有很大的不同，可见教学理念的选择直接关系着教学实践的整体进展。

第二，注重教学管理主体。管理主体是教学实践活动中的核心内容，在管理活动的过程中，管理主体的作用非常大。学校管理离不开管理主体，教学管理也是如此。教学管理主体的差异直接影响整体教学管理实践，对教学管理进程中所呈现的状态、特征等均有一定的影响。

第三，注重教学管理过程。既然进行管理活动必然需要一个过程，想要实现教学管理目标，就需要注重整体的教学管理进程，而其进程的有效实践不仅直接影响着教学的质量，也是实现教学管理目标的基础。

第四，注重教学管理体制的建立。教学管理体制的建立是实施教学管理过程中的标准，关系着教学管理实践的有效性。通常情况下教学管理工作实施效果不佳，其直接原因便是没有健全的管理体制、整体管理过程不规范。因此，想要做好教学管理工作，需要建立健全的教学管理体制，保证教学管理的有序进行。

二、教学管理的理念

理念是精神层面的概念，是一种理想性和永恒性的观念体系，是人们经过长期的实践

---

① 教学管理是保证教育教学逐步实现的过程，在此过程中需要针对不同因素进行组织与协调，通过教师的积极主动管理以及创造性教学提升整体的教学效益，创造更多教学效益。

和理性的思考之后产生的思想和理想境界方面的追求，反映出人们在实践过程中所追求的理想性行为和理想性追求以及理想性认识，也体现了人们长期坚守和坚信的行为方式和信念意识，它具有相对稳定性。

总结概括实践经验和深入认识教学管理的规律是教学管理的基本理念，必须作为基本指导思想始终在管理教学活动中贯彻落实和遵循。需要注意的是，管理普通高中教学活动的具体实践和实际情况是对其管理理念进行研究和探讨的基本前提。管理普通高中的教学活动时，其教学管理理念必须遵循以人为本和教学领导。

（一）以人为本理念

以人为本①理念的主体和中心都是人，把人放在重要位置，决定组织的发展和走向，为了人、依靠人和尊重人是该理念的重点强调内容。其内涵主要包括三个层次：第一，它认为社会长期发展历程中的主体始终是人。第二，这是一种对问题进行分析、思考和解决的思维方式，但是以人为中心是最大的前提条件。第三，这是一种具体的价值取向，以人的需求作为出发点，突出尊重人、为了人和依靠人的内涵。用以人为本的管理理念管理普通高中的教学活动，意味着要用"以教师为本"的理念管理学校的教学工作，不仅要以教师的需求作为基本出发点，还要给予教师关心、理解、尊重和信任，在学校开展教学活动的过程中，其出发点和落脚点要始终落在教师的意愿和教学权利上。对于教师是否在教学岗位上充分发挥了自己的主动性、创造性和积极性应十分关注，对于教师提出的关于专业化发展方面的需求要最大可能地予以满足，从而促进教师不断提升自己的专业能力和素养，充分发挥自己的个性。

（二）教学领导理念

教师和学校校长以及其他学校成员是教学领导的主体，其主要内容是发挥各自的权力和职能，组织开展各种教学活动，从而推动教学实践的改进和教学品质的提升。以教学领导作为主导的教学管理理念与行政管理理念有很大的区别，让学校教学质量不断提升是教学领导理念的重点和核心。用教学领导的管理理念管理学校教学事务，原因包括两个方面：一方面，教学领导的管理理念与传统的教学管理理念有很大的区别，日常教学事务的管理是以往教学管理理念的重点内容，具体而言是计划、考核、安排和监督各项教学事务，为了推动教学事务有序开展、维护良好的日常教学秩序，必须考核教师的教学工作，虽然这种管理理念能够保障规范、有序地开展教学活动，但是不能提升教学品质；另一方

---

① 以人为本，把人类的生存作为根本；或者把人当作社会活动的成功资本。"以人为本"中的"人"，是描述"人"这一物种，或是描述群体中的"人"的个体。

面，教学的专业属性是教学管理理念管理教学过程的基本出发点，以尊重专业的行为方式和思想观念取代以往的经验法或对待科层工作的方法，这种方式以教师的专业性作为主导，更加强调开展专业的教学管理，从而提升教学品质。

第二节　高中教学管理的目标与原则

一、高中教学管理目标

第一，重视提高教学质量。传统应试教育环境下的高中教学管理目标，过度注重量化教师的日常教学活动，却忽视了教师的教学质量。教师是教学管理的参与者、执行者，教师素质的高低直接决定了教学管理的成败。在素质教育背景下，学校管理者应当加强对教师教学过程的观察和引导，而不是仅仅让教师完成一定数量的任务。学校管理者在组织教师教学时，要规定教师必须认真进行备课，注重提高教学水平和改正自己的教学失误，鼓励教师相互之间进行教学心得的交流。学校管理者还可以根据学生对教师的教学满意度来评定教师的优劣，而不仅是看其所带班级的考试成绩。当然，量化教师教学活动也是一种可行的办法，但不能过度依赖量化管理，因为素质教育主要是看学生是否得到全面发展①。

第二，注重教师的职业道德教育。在素质教育背景下，高中教学管理者需要加强教师的职业道德建设，让教师给学生做好榜样。在学校教师队伍中，要培养先进人才，从而起到一个示范作用。只有通过各种职业道德教育活动，切实提高教师的敬业精神和道德水平，才能更好地促进学生道德素质的提升。

第三，让学生和教师的个性得到充分发展。在高中教学管理过程中，若片面要求教师必须服从上级领导的安排，学生群体必须听从学校领导和教师的命令，则不利于学生和教师的个性发展，也不利于素质教育的开展。素质教育强调学生之间的个体差异性，注重根据学生的个性特点因材施教，为每一名学生的发展和提高提供可能。因此，教师应该把课堂还给学生，让学生主导课堂进程，并且教师在日常教学活动中要注重调整学生情绪和学习态度。同时，高中学校管理者应该给予教师更多的自由，让教师多参与到学校管理活动中来。高中学校管理者要注意优秀学生、中等生、后进生的差别，从而要求教师加强对不同学生群体的教育。

---

① 全面发展即人的全面发展，指人的体力和智力的充分发展，又指人在德、智、体、美、劳各方面和谐地发展。

二、高中教学管理原则

高中教学管理原则主要有以下方面（图 1-1）。

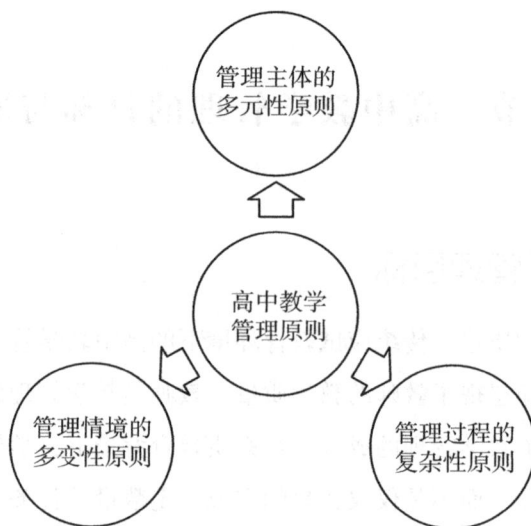

图 1-1　高中教学管理原则

第一，管理主体的多元性原则。管理主体的多元性要求在课程管理中要明确各级职能组织的权责，让每一级机构都能在课程管理中发挥自身的作用。这与自上而下分层管理的分工在本质上存在明显区别，各级职能机构并不是不对等的权责利害关系，其需要对上级部门负责，在充分放权过程中让每一级组织机构学会选择自己的行为方式和重点并自负其责。

第二，管理过程的复杂性原则。管理伴随课程实施过程的始终。首先，课程实施不是独立于教师与学生之外的过程，既同管理者的教育和管理观念有关，也同教师的专业素养与学生的知识结构、态度情感密切相关；它完全依靠教师的专业活动进行，这要求管理者应认清并理解教师和学生个人价值观的影响。其次，课程管理充满不确定因素，很难做到准确预测。

第三，管理情境的多变性原则。管理情境的多变性是由课程实施情境的多样性决定的。课程实施既要考虑学校的具体情况，如学校所在的地域或社区的经济文化发展状况、当地高中教育管理水平以及学校自身办学传统、师资力量等；又要考虑具体课程实施的条件，如教学设施，师资学历、知识及年龄结构以及学生人数及年级分布等。

教学管理在不同时期遇到的问题，会因为主要矛盾的不同而表现出差异，这种差异正是由以上众多因素的不同组合造成的。

第三节 高中教学管理的环节及改革方向

一、高中教学管理的环节

（一）备课环节

备课环节是教师根据学科课程标准的要求和本门课程的特点，结合学生的具体情况，选择最合适的表达方法和顺序，以保证学生有效地学习。备课是教师教学工作的起始环节，是上好课的先决条件。备课的工作计划具体如下。

第一，学期（或学年）教学进度计划。学期（或学年）教学进度计划是对一学期（或一学年）的教学工作所做的总的准备和制订的总计划，一般应在学期（或学年）开始前制订出来。学期（或学年）教学进度计划的内容包括学生情况的简要分析，本学期（或本学年）的教学总要求，教学内容的章节或课题，各课题的教学时数和时间的具体安排，各课题所需要运用的教学手段等。

第二，课题（或单元）计划。教师在一个课题（或单元）教学开始前，必须对这个课题（或单元）的教学做全面的考虑和准备，并制订出课题（或单元）计划。课题（或单元）计划的内容包括课题名称、教学目的、课时分配、课的类型、教学任务与内容、教学方法等。

第三，课时计划。课时计划即教案，它通常是指教师为某一节课而拟订的上课计划，一般包括班级、学科名称、授课时间、课题、教学目的、课时分配、课的类型、教学方法、教学手段和教具、教学进程等。课时计划可详可略，其格式有条目式、卡片式和表格式三种，教师可根据自己的教学经验和教学的实际情况进行选择。

（二）教案设计环节

在设计教案前，应先完成两种备课，然后再进行设计教案：①学期备课，这是指开学前，要求教师把课本通读一遍。明确教学任务，了解教材的知识体系，弄清知识安排的顺序，掌握教材章节之间的联系和各个章节的重点以及教材骨架。②章节（单元）备课，这是指在通读教材的基础上，着重进行教材分析。要明确本章节及每节课的教学目的和基本要求；要求对每课时的教材，深入、细致地甚至是逐字逐句地钻研；掌握本章节的深度和广度，判断出学生接受的难易程度；挖掘本章节教材中有利于培养和发展学生学习能力的内容；还要研究本章节重点、难点和关键，并深入了解教材的重点与关键，以及对前后教材所起到的承前启后的作用。

设计教学方案是备课过程中的最后一个程序。教师备课的好坏，集中反映在教学方案里。教学方案一般包括以下项目：课题、教学目的或任务、教材分析、教学重点和难点、教学方法、教学用具、教学步骤、巩固教材和布置作业。

教案的设计，必须纠正那种照抄教学参考书的做法，要根据教材内容中的概念，着眼于指导学生学习活动的选择。要求学生把已有的知识、技能与新学习的概念、技能衔接起来。教案应体现教师在教学上的特色与风格，应体现教师广博的知识、严谨的治学态度和较强的教学能力。

教案有详略两种，可根据教师本人的教学经验决定。对新任课的教师，要求熟练地掌握教材内容，写出详细的教案。但在授课过程中不能边看边讲，更不能照本宣科。只有如此，教师在课堂教学中才能主动地组织教学活动，自如地表露自己的思想感情，创设课堂教学情境。对教过几遍教材的教师，要求常教常新，在"新"字上下功夫。老教师要达到新的要求，必须看得广、钻得深，才能做到应用自如。

（三）上课环节

上课是高中整个教学工作的中心环节，是教师授课最直接的体现，是提高高中教学质量的关键。上课的工作要求具体如下。

第一，教学目标明确。教学目标明确包含两层意思：一是教学目标全面、具体、明确，符合课程标准、教材与学生实际；二是教学目标达成意识强，贯穿教学过程始终。

第二，教学内容正确。教学内容正确包含四个方面的含义：①教师进行教学时，要保证教学内容的科学性，知识教授要准确科学，对概念、定理等的表述要准确无误，对原理、定律的论证应确切无疑，对学生回答问题时所反映出的思想和观点要仔细分析；②既要突出重点，突破难点，抓住关键，又要考虑教材的整体性和连贯性；③要注重新旧知识之间的联系；④要注意理论与实践的结合。

第三，教学方法得当。教学方法得当包含三层含义：①教学方法要灵活多样，符合教材、学生和教师实际；②教学组织形式巧妙、多样、灵活、有情趣，学生乐学；③从实际出发，运用现代教学手段。

第四，教学基本功扎实。教学基本功扎实包含五个方面的含义：①用普通话教学，语言规范简洁、生动形象，语调高低适宜、快慢适度、抑扬顿挫、富于变化；②教态亲切、自然、端正、大方；③板书设计科学合理，言简意赅，条理性强，层次清楚，字迹工整、美观，板画娴熟；④能熟练运用现代化教学手段；⑤应变和调控课堂能力强。

第五，教学程序合理。教学程序合理包含四个方面的含义：①教学思路清晰，课堂结构严谨，教学密度合理；②精心设计练习，有计划地设置练习中的思维障碍，使练习具有合适的梯度，提高训练效率；③恰当运用反馈调节机制，注重教学过程评价，方法多样化，自评、互评、师评，评价真实有效；④体现知识形成过程，结论由学生自悟与发现。

第六，教学效果好。教学效果好包含六个方面的含义：①教学目标达成；②面向全体，体现差异，因材施教，全面提高学生素质；③教学民主，师生平等，学生积极参与，课堂气氛融洽和谐，学生课堂学习愉快，有情感体验；④传授知识的量和训练能力的度适中，学生作业合理，学习扎实有效；⑤学生能在多种学习方法中形成最佳学习方法，形成习惯；⑥注意学习动机、兴趣、习惯、信心等非智力因素的培养。

第七，教学个性突出。教学个性突出包含两个方面的含义：①教学有个性特点，体现个性文化底蕴和人格魅力；②教师形成教学风格。

（四）作业布置环节

作业的形式与要求，要以最大限度地调动起高中生学习的积极性为目的。教师布置家庭作业时具体要求如下。

第一，促使家长参与家庭作业的所有过程。首先，应让家长知道家庭作业的重要性，并具体说明教师的期望和目标；其次，要给家长介绍一下做作业的整个过程，并要求家长签字；最后，要求家长定期对自己孩子的作业情况提出评价和建议。与家长进行良好的交流，是获得家长支持、顺利达到布置作业目的的关键因素。

第二，布置作业前，要了解学生对所学知识的掌握程度。没有掌握课堂内容的学生是无法独立完成作业的。一条有效的检验办法是，讲完后，进行一个包含四道题的小测验，那些能正确回答 3~4 个问题的同学肯定能完成作业，其他学生必须在教师进一步的指导和训练下方可完成。

第三，布置的作业不要超过学生的理解范围。学生理解不了题意，或是理解时太费劲，都会分散学生做作业的精力。

第四，保证学生能够找到完成作业所需的资料。在布置作业时，要考虑到学生做作业所需的字典、百科全书等相关的工具书，并确保能到图书馆广泛查阅。学生放学时务必自我检查一下所带资料是否齐全或适当。

第五，为学生提供完成某一特定作业类型的大体结构和思维过程。例如，在社会学学习中，要向学生提供适当的知识背景，关键字、词以及要达到的目标等，这样学生就会乐于完成作业。

第六，写专题报告或课外自修题时，要教给学生正确的技能、技巧和程序。只有当学生具备了做好这次作业的背景知识，才能比较顺利地完成作业，否则这次作业则毫无价值。

第七，把某一知识点的作业分解开来，在学习前和学习后分别进行。例如，星期三学习的知识，要在星期二布置一点，作为铺垫，星期四作为巩固知识的环节，再做其余的。同时，要求学生适当做一些知识卡片，为每一个单元的新知识学习做准备。

第八，家庭作业应具有实践性、思维性。

第九，让学生懂得做作业的意义。让学生了解作业的重要性，是学生积极做作业的关键因素。在每一次布置作业时，一定要讲清楚今天作业知识的内容，学会它有哪些价值等。

第十，运用累计教学或累计测试作业法。例如，学习数学时，每进行一个系列的练习，总有一两个相关的新例题，为下一步布置作业做铺垫，并加深学生的认识。其他学科也是如此。

第十一，时刻检查作业。检查作业能督促学生重视作业，同时教师给出评语，提供反馈，让学生的努力得到公正的评价。

第十二，改正作业。成功来源于不断地改正错误，让学生改正作业中的错误，从错误中学习，是非常有益的。

（五）检查与评定学业成绩环节

检查与评定学业成绩是教学工作中不可或缺的重要环节，是诊断学生学习状况和教师教学效果、调控教学进程的重要手段。具体而言，它有五个方面的作用：①有利于促进学生的学习；②有利于促进教师的教学；③有利于学校领导了解学校的教学情况，从而制定有效措施，不断地改进对教学工作的领导与管理，为更好地培养人才服务；④有利于家长了解孩子的学习情况，使家长同学校密切配合，共同帮助学生取得进步；⑤为上级教育主管部门制定教育方针政策和选拔人才提供依据。检查与评定学业成绩的方式有：

第一，平时检查。平时检查在平时教学中随时进行，包括口头提问、检查书面作业等形式。口头提问是学生根据教师提出的问题进行面对面的口头回答；检查书面作业包括检查平时的课堂作业、家庭作业等。

第二，考试与考查。考试与考查是检查学生学习和教师教学效果的主要方式，多集中在期末或教学一个时间段以后进行。考试是对学生的学习情况和成绩的一种较全面的检查，包括口试、笔试和实践性考试等方式，可开卷、闭卷考。考试按时间分为期中考试、期末考试；按用途分为升学考试、毕业考试等。考查则是指对学生的学习情况和成绩进行的一种小规模或个别的不全面检查。

二、高中教学管理的改革方向

（一）提高教学管理思想的先进性

在新课改背景下，学校的教育与教学管理人员，应认知素质教育的重要性，关注教育活动的管理效果；同时，以宏观教育视角确定管理思想，确定高中教学管理的基本方向，精准定位学校管理思想，结合学校的具体教育情况，发展可持续的教育之路。学校应坚持以人为本的教育观念，提升管理思想的先进性，综合开展人性化管理，使学校管理人员具备较强的创造能力，适时结合社会经济发展的实际情况转变管理思想，依据新课改的具体要求，调整教学管理结构，以满足学生与教师对教育工作的需求。侧重实施学生与教师双主体的思想教育工作，还要进行适当的精神激励，便于师生在教学活动中展现出优异的创造能力，从而为教育教学管理的深层次发展提供创造性思路。

要提高教学管理思想的先进性，教师应格外关注学生的性格发展趋势、学习需求等内容，精准掌握学生的内在潜能、学科学习优势等，增强高中教学双重管理工作的执行效果。教育与教学双重管理工作，以教师教学、学校管理为两个重要执行方向，教师作为教学管理的关键指导人员，应将学生作为教学的主体元素，实施翻转课堂，建立全新的师生关系，在师生间形成优质的沟通机制，便于学生高效完成学习任务。

（二）实现教学方式的科学性

要实现教学方式的科学性，应加强对教学管理人员的培养。学校教学管理人员应定期开展教师教学能力考试，以此测试教师的教学能力，便于学校领导掌握教师的任教能力。与此同时，还应落实教师技能培训工作，以此提升教师的教学能力。因此，以增强教学方式的科学性为出发点，高中教育管理人员应采取的有效措施如下。

第一，建设教师团队，加强教师对培养学生综合素质的意识，加强对教师能力的培养，以此转变教师施教的侧重点，保障教学工作的科学性。

第二，开展班主任培训工作。从高中生心理学案例分析、高中生综合素质有效培养等方面，增加对班主任的训练强度，使其具备发现学生心理问题、培养学生综合素质的教育能力。

第三，定期评选优秀班主任。班主任作为班级教育与教学的双主体人员，通过评选活动，能加强班主任对自身工作职责的认知，促使其积极工作。

第二章 高中教学管理的组织体系

第一节 教学组织与管理制度

一、教学组织分析

（一）教学组织形式

教学组织形式是指教学活动中，教师与学生为实现教学目标按照一定的要求组合起来进行活动的结构。随着社会不断进步与发展，科学文化以及政治经济快速地发展，对人才的要求也越来越高，所以教学组织形式也要进行改变。

1. 班级授课制的组织形式

班级授课制[①]的另一种说法就是课堂教学，其主要根据学生的特点进行分组，这一做法可以让每组的学生所学习的知识是一样的，老师也有固定的时间按照课程表的顺序为学生们授课，进而完成自己的教学目标。班级授课制的一般组织形式具体如下（图2-1）。

（1）全班教学

全班教学是高中学校教学中广泛应用的一种组织形式，其主要就是将学生按照特点分为固定的组别，老师可以根据课程表的安排来为学生们进行授课。在这种教学模式下，老师根据教学内容可以选择在教室授课，也可以将学生带到事件发生的地点进行授课，还可以参观一些展览来了解事件，又或者可以在老师的帮助下进行课堂讨论等。全班形式的教学方法是否有效，还要看任课老师对班级学生学习以及生活状况的了解程度，在教学过程中能否调动学生的积极性，激发学生的学习兴趣，进而实现学习目标。

（2）班内小组教学

班内小组教学其实就是将一个班分成多个小组，教师制定相同的学习任务，各个小组

---

① 班级授课制又称课堂教学，班级授课制是把一定数量学生按年龄特征和学习特征编成班组，使每一班组有固定的学生和课程，由教师根据固定的授课时间和授课顺序（课程表），根据教学目的和任务，对全班学生进行连续上课的教学制度。

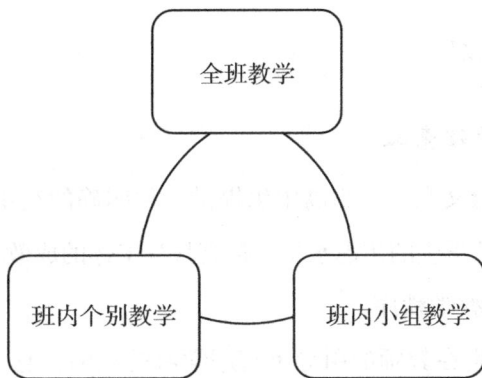

图 2-1 班级授课制的一般组织形式

要独立完成的班级授课制形式。在班级教学中，班内小组教学是教师直接面对学生群体，连接的重要纽带就是大家感兴趣的活动以及学科。

（3）班内个别教学

班内个别教学就是教师根据学生的学习状况布置不同的学习任务，有时还会进行一对一的辅导。班内个别教学不仅可以应用于学习基础较差的同学，还可以应用在理解能力较强的学生身上；老师应该根据学生的学习能力、理解能力以及学习准备情况来进行学习任务的布置；教师应该培养学生自主学习的能力。

2. 班集体的建设管理形式

良好的班集体既能产生强大的凝聚力，培养高中生的自我教育能力，还能协调各方面的影响，使班级管理效果事半功倍。所以，班主任一定要重视加强班集体建设。

第一，班会是班主任和班级学生活动的主要舞台，是班主任围绕着特定的主题对学生进行思想品德教育的一种主要形式，是形成良好班集体的途径，也是学生进行自我教育的有效方法。班会活动能促进学生形成健全的班集体、正确的集体舆论和优良班风；能培养学生的集体荣誉感和责任感；能进一步满足学生在德、智、体、美等各方面的需求；能培养学生的创造精神和学习能力。

第二，课外活动是指学校课堂教育、教学活动以外的各种活动。课外活动是班集体的构建要素，有目的、有组织的课外活动是班集体建设的主要途径和方法，而课外活动达到的水平和取得的成效也是班集体形成的主要标志。课外活动可分为两类：一类是教学实践活动，目的是为配合有些学科知识的实验与考查；另一类是德育实践活动，如军训、生产劳动、公益劳动、为民服务、社会考察等。这两类活动都是在教师组织、指导下进行的，为的是让学生走向社会，了解社会，并通过实践达到一定的教育、教学目的。

（二）课堂教学组织

1. 课堂教学组织的管理意义

课堂教学组织的管理意义在于，为高中生提供一种明确的组织与结构，维持课堂秩序，激发学生的学习动机，降低学生的焦虑水平，提高教学工作的成效。具体表现为以下方面。

（1）维持良好的课堂教学秩序

课堂教学秩序是指学生在教师的引导下有序学习的氛围，它是课堂教学得以展开的前提和条件。课堂秩序的建立和维持既需要学生内在的自觉守纪意识与努力，也需要教师外在的管理与约束，是学生自律和教师他律合成的结果。离开一定的课堂管理，就难以保持良好的课堂秩序，就难以实现预定的教育、教学目标。

（2）约束和控制有碍学习的违纪行为

课堂违纪行为是指学生在课堂内发生的干扰教师的教和其他学生（也包括违纪学生本人）学的行为，是教师和一切与教育工作有关的人员所关心的重要问题。由于各种因素的影响，学生进入学校后，总会发生各种各样的违纪行为。这些违纪行为的出现破坏了教师的课堂教学组织以及井然有序的教学进程，也妨碍了学生个体的学习与发展。当学生出现有碍学习的违纪行为时，有效的课堂管理将有助于抑制和控制高中生的违纪行为。

2. 课堂教学组织的具体原则

（1）自组织性原则

只要能保持一种良好的课堂环境，保持课堂系统中沟通的顺畅，课堂通常就能够进行自我完善，但有时会在课堂加上一些人为的框架。因为这些人为框架的存在，课堂不能很好地与之对应，必须经常加以限制直至它能符合这些框架，因而容易产生单向的专断性控制。在这种情况下，教师实际上很难对课堂本身进行管理。因为课堂是一个组织系统的外在现象，它并不能被"管理"，只是在积极的建构下得到发展。教师通过发展和完善课堂内部结构及其积极的引导作用，能极大地帮助学生对课堂发生的事件和行为以及其本身的行为予以恰当的解释，并给予更深刻的自我反省，形成其责任与自律，实现课堂的自组织。

（2）动态性原则

课堂主要是一种动态系统，课堂组织管理必须坚持动态性原则，以变化的眼光来看待课堂问题，以发展的视角进行课堂管理。对于课堂中出现的问题，要进行动态的考查。所有的存在都有其变动的流程。现行的状况虽然与过去有着逻辑关联，并对未来产生一定程度的影响，但它主要是对现在的反映，不能说明未来的必然状态。课堂环境时时都在变迁，课堂成员时时都在发展，影响课堂的因素总处于变化之中。因而，要从发展的角度看待课堂中的问题、冲突与矛盾，要从变化的视角认识课堂的进展、停滞与挫折。坚信学生具有潜在发展的可能，是可以获得完整发展的。有了目标的指引，一切问题皆处于动态的审视之中，有效的课堂管理是必然可以实现的。

3. 课堂教学组织的纪律分析

（1）课堂纪律的类型

第一，课堂规则。课堂规则是最为具体的课堂纪律，它通常是教师个人在自己的教育教学或课堂管理活动中制定或采用的各种带有强烈个性特色的课堂"规矩"，这些"规矩"也叫"课堂常规"，这些"规矩"可能是教师强加于学生的，也可能是教师与学生共同协商而制定的。例如，回答问题的规矩、作业的规矩、听课的规矩等。有时候课堂仪式也成为课堂规矩的一部分。

第二，学生的法律义务。义务是法律要求公民或社会组织在各项社会活动中应当履行或承担的职责。作为一个特定的受教育者，对学生在课堂生活中的行为，教育法律也提出了明确的要求，这些教育法律上的义务要求，也是课堂纪律的一项重要内容。而且正是这些教育法律上的义务要求，使得教师在课堂教学中提出既适合于特定学科又适合于稳定教师的课堂规矩成为可能。

（2）课堂纪律的模式

第一，合作型课堂纪律。学生在课堂里的所有行为甚至是违纪行为，都是学生尝试满足某种需要的结果。通过关注这些需要以及给予更多的鼓励，教师能够减少违纪行为，建立起教师与学生合作型课堂。建立合作型课堂需要注意以下两点。

一是学生课堂违纪行为发生的原因。学生实施违纪行为，概括而言，是因为学生的心理需要——归属感没有得到满足。当学生的正当行为没有带来心理需要的满足时，他们就会通过实施违纪行为来达到这一目标。

二是预防课堂违纪行为的基本原则。

首先，能力原则。学生获得成功的重要因素之一就是"我能"的水平。"我能"的水平是指学生认为自己能够完成学校所给的任务的程度。为了避免学生在课堂上发生违纪行为，教师应当做的是让学生增强对自己能力的自信，即允许学生犯错误，而不应该让学生害怕犯错误；通过把学习看作一个不断改进的过程来帮助学生建立自信；突出学生以往已经取得的成功经验，并让学生明白这样一个道理——成功是相信自己的能力并为之付出努力；使学习切实可行，并表扬学生的成绩，只有当学习可行时，学生才会取得成绩；也只有当学生取得成绩时，教师的表扬才能增强学生的能力。

其次，交流原则。在预防课堂违纪行为时，学生之间的交流是非常重要的。交流意味着师生之间以及同学之间建立并保持着积极的关系。有效的交流需要做到接受、关注、欣赏、肯定和喜爱。接受是指通过相互交流展现学生个性化的内容；关注是指对学生给予足够的有意识的注意；欣赏是指教师对学生的成就感到骄傲并对他们的行为感到欣慰；肯定是指教师对学生的优秀品质做出积极的评论；喜爱是指教师对学生表现出善意和关心。

最后，贡献原则。被人需要是一种快乐，也是一种幸福。而使学生感到被人需要的最佳途径之一就是他们能够做出贡献，即鼓励学生为班级做出贡献、鼓励学生为学校做出贡献、鼓励学生为他人做出贡献、鼓励学生为社会做出贡献。学生所做的贡献使得学生感觉到他的重要性，从而激发学生以合乎规范的行为出现在课堂教学的集体情境中。

第二，非强迫型课堂纪律。非强迫型课堂纪律可从以下两个方面进行分析。

一是对学生违纪行为的解释。

学生是理性的，他们可以控制自己的行为，学生按照自己的行为方式做出选择。违纪行为仅仅是学生错误的行为选择，而正确的行为就是正确的行为选择。课堂管理的重点不是如何纠正违纪行为，而是如何通过优质教育，使学生自愿专心于课堂教学而不会发生违纪行为。一般而言，所有的行为都是为了满足五种需要的最佳尝试，这五种需要分别为生存、归属感、权力、乐趣和自由。除了生存之外，学校教学与其他需要都密切相关。当学生对学校期望感到厌烦或沮丧时，可能就不会努力学习；当基本需求得到满足而且也不感到沮丧时，学生就会觉得快乐，相对而言违纪行为较少。教师在课堂上所要做的就是提供教学、支持和其他条件来满足学生的基本需要。强迫只能迫使学生暂时服从，却不能使学生养成良好的行为。教师有能力、有义务帮助学生做出正确的行为选择，因此学校及教师必须创造优良的条件，使学生在学习过程中不感到沮丧，并从中产生归属感，体会到某种权力，感受学习的乐趣。强迫学生选择违反自己意愿的行为是无益的。因此，课堂管理不是如何纠正违纪行为的策略问题，而是如何使学生专注于课堂教学而不发生违纪行为的策略问题。

二是非强迫型纪律的原则。

首先，需要满足原则。提升学生对学校的满意度，能够促进学生的学习动力和学习效果。学生对学校的满意度取决于学校对学生需要的满足。学生的需要有：生存（衣、食、免于伤害等），这种需要的满足与学校教学相关度较低；归属感（安全、舒适、地位、他人的体谅），当学生参与班级事务、得到教师和其他人的关注、参加涉及课堂问题的讨论时，学生就会产生归属感；权力感，也就是对事物或事情进程的控制力，可以通过学生担任某种班级职务的责任获得，也可以从参与班级的某种决策中得到。乐趣（情感和精神上的愉悦），当学生能与他人一起学习和交谈，能参加有趣的活动，或者互相分享成就时，就会感到乐趣；自由（选择、自我指导、责任），当教师允许学生就所要学习的内容、如何学习以及如何展示自己的成就做出决定时，学生就会感到自由。不考虑这些需要的教育一定会失败。班集体中的合作学习和小组学习，有助于满足学生的这些基本需要。

其次，教学引导原则。满足学生的基本需要，需要改变教师的课堂教学风格。非强迫型课堂纪律要求教师从指挥型教师转变为引导型教师。指挥型教师的特点是支配课堂教学的所有程序，命令或强迫学生努力学习，当学生的学习不能令人满意时，教师通常采取某种手段惩罚学生。指挥型教师通常是这样展开课堂教学的：制定学生学习的任务和标准；谈论而不是证明，很少征求学生的意见；给作业评分，而不让学生参与评价；当学生出现违纪行为时，便使用强迫手段。引导型教师的特点是提供激励性的学习环境，鼓励学生，尽量帮助学生，并对学生表示友好。引导型教师的课堂行为表现是和全班同学讨论课程，明确一些有趣的专题；鼓励学生确定自己想深入探究的专题；和学生一起讨论作业问题，并征求学生对作业评价的意见；使学生明白，只要给他们提供良好的工具和良好的工作环境，任何事情都能够做到；强调学生应不断地仔细检查和根据一定要求来评价自己作业的重要性。若要成为一名引导型教师，需要和学生一道共同建立课堂的行为标准。然而这并不意味着当学生违反课堂规则时，教师的干预是惩罚性的；相反，教师干预的非惩罚性，目的是制止违纪行为，并使学生的注意力重新回到课堂中来。为此，教师要定期召开班会，讨论课程、程序、行为和其他教育专题。班会概念及实践应当是课程的常规部分。

最后，优质教学原则。通过优质教学预防课堂违纪行为是非强迫型课堂纪律的最核心的要求。优质教学意味着优质学习，意味着教师独特的教学风格。为此教师需要做到：营造温暖和充满关怀的课堂氛围，要求学生进行有效的学习，不断要求学生尽最大努力，要求学生评估业已完成的作业并做出改进，帮助学生明白优质学习将会使他们产生满意感同时又不会对他人造成伤害。如果每所学校和每个班级都坚持优质的概念，那么学生的纪律问题就不会太多而且解决起来也比较容易。

第三，保持尊严型课堂纪律。建立课堂纪律的最有效方法就是保持学生的尊严和希望。保持尊严型纪律的基本原则的指导思想有两个，即保证学生的尊严和唤起学生的希望。尊严是指对生活的尊重以及对个人的尊重。那些长期违纪的学生总是将自己看作失败者（这种自我概念的形成与教师的课堂教学及评价密切相关），于是他们就不再以通常学校和教师所认可的方式与途径来获得他人的认同。因此违纪行为可解释为学生为了自己的尊严而实施的防御行为。学生的尊严是课堂纪律的基石。希望是一种信念，即相信未来的事情更加美好，它激励人们并帮助人们过一种有意义的生活，给予人们鼓励和克服困难的勇气。人失去了希望也就失去了努力的动力。在学校及课堂中教师有能力帮助学生重获希望。当学生有了希望，其行为就会改进。基于此，保持尊严型纪律应当遵循下列原则（表2-1）。

表 2-1　保持尊严型课堂纪律的原则

类别	内容
处理原则	处理原则是指教师面对学生的违纪行为时必须以一种积极的方式来帮助学生，使那些与课堂纪律要求不相符合的行为尽可能地减少。处理学生的违纪行为是教学的重要组成部分。教师应当意识到，处理违纪行为是培养学生责任感的最好机会，也是教师的职责之一。放弃对学生违纪行为的处理或者只是将违纪的学生交给班主任去处理是不负责任的表现。处理违纪行为不只是对一个违纪事件的处理，更是对学生的帮助
尊严原则	尊严原则是指教师在处理学生的违纪行为时要维护学生的尊严。尊严是健康生活的基本需要。维护学生的尊严就是把学生作为个体来尊重，关注学生的需求并理解学生的观点。任何程度的违纪行为都会导致教师的某种反应。当教师对学生的违纪行为做出反应时，应以尊重学生为前提
动机原则	动机原则是指教师在实施课堂纪律时不应该降低学生的学习动机。任何纪律，只要它降低了学生的学习动机，都将是失败的纪律。不能因为一部分学生的有效学习而降低另一部分学生的学习动机。专心上课的学生通常较少有纪律问题。学生行为表现不好常常是因为失去了学习的动机。不管如何处理违纪行为，教师都要考虑这样做是否会对学生的学习动机产生影响
责任原则	责任原则是指教师在处理学生的违纪行为时，应当着眼于培养学生的责任感而不是着眼于学生的顺从。顺从是要学生按照教师的要求去做，而责任感则是在可能的范围内自己的某种选择和决定。对大多数违纪行为的处理，顺从仅仅是一种短期的解决方案。长期的解决方案则是通过让学生做出选择，来培养他们的责任感

（三）课外活动组织

1. 群众性活动组织

群众性活动是一种普遍的活动形式，这种形式可以同时吸引大批学生去参加。小型的可按班、团、队的小组或小队组织，当然，它也可以按组际、班际、校际的形式来组织开展。参加活动的具体人数则根据活动的目的、内容而定。具体的活动形式有以下几种。

（1）讲座和报告

讲座和报告是结合时事政治教育和科学普及教育常用的方式。例如，时事政治报告、文化科学讲座等。主讲人可由教师、辅导员担任，也可请校外专家、学者、科技人员、英雄模范人物、革命前辈乃至同年级学生担任。报告和讲座的目的要明确，内容要正确、生动，具有针对性，时间不宜过长，事先的准备工作不要影响学生的正课学习，不给学生增加过重的负担。

（2）节日和革命纪念日活动

在重要的节日和革命纪念日，如新年、清明节、劳动节、国庆节等，可采用庆祝会、纪念会、联欢会、晚会、游园会、展览会等方式方法开展活动。这项活动既要注意思想性，又要力求丰富多彩、生动活泼。要把活动的准备过程当作教育过程来组织，并把这种节日、纪念日活动保持下来。

（3）主题班会

主题班会的内容是多种多样的，如组织各种文艺活动，包括影视评论会、诗歌朗诵会、音乐欣赏会、音乐舞蹈晚会；各种类型的学科活动，包括某门学科的报告会、专题讨论会，历史事件、历史人物的纪念会，历史故事会以及各种学科竞赛、智力竞赛、科技表演等。这种主题班会可请相关教师、辅导员或校外有关的专门研究人士及有专长的家长参加、指导。准备期间可开展"宣传周""活动周"活动。

（4）参观、访问和游览

参观、访问和游览既是使高中生获得直接经验的教学方法，也是组织课外和校外活动的一种形式和方法。如参观革命圣地、工厂、农村、博物馆、纪念馆，访问革命前辈、英雄模范人物、科学家、艺术家以及游览名胜古迹等。通过参观、访问和游览，可使高中生接触社会和自然，开阔眼界，愉悦身心，培养热爱祖国的美好感情，激发建设祖国、振兴中华的雄心壮志。同时，可以采集植物、动物、矿物标本，进行野外写生、写游记、创作诗歌、收集乡土资料、考察山川地形等，这些都有利于高中生德、智、体、美、劳的发展。开展这些活动要有明确的目的、严密的组织、周详的准备，事后要有总结，一切资料要及时加以整理，并可通过举办展览会等方式，反映和巩固活动的收获。

（5）体育活动

体育活动应普及每一个学生。高中学校教师、学生家长和社会教育机构等都应重视、支持和帮助学生开展体育活动，并保证每个高中生每天至少有一小时的体育活动时间。要组织高中生开展各种球赛、长跑等群众性体育活动。要把普及和提高结合起来，在普及的基础上，对成绩优秀者组成专项运动小组，进一步进行专门训练和培养，以便把具有培养前途的青少年学生培养成运动员。在群众性体育活动中，要注意根据学生的体质、性别、年龄等情况，提出不同的要求，循序渐进、持之以恒地进行全面的、适宜运动量的锻炼，并要广泛宣传各种体育活动中的卫生知识和安全保护知识，这样才能真正达到锻炼身体、增强体质的目的。

（6）社会公益劳动

让高中生适当参加社会公益劳动，是实施教育与生产劳动相结合的一种形式，也是一种重要的课外教育活动。这种劳动有校内的，也有校外的；有服务性劳动，也有农业生产劳动。组织高中生参加社会公益劳动必须服从教育目的，坚持以教学为主的原则。要重视劳动中的思想教育和劳动知识技能的教育。选择的劳动项目要因地、因时制宜，适合学生的年龄特点和个性特点。学校对学生的劳动成绩应有正确的评定记载，并及时表扬劳动中的好人好事。

（7）墙报和黑板报

墙报和黑板报是学校的一个重要宣传工具，也是学生练习写作，汇报课内、课外活动的园地。教师和辅导员要组织学生对它加以运用，鼓励他们自办、自写、自编。墙报和黑板报有班级性的，也有全校性的。内容要短小精悍，符合当前教育和教学的要求。形式要多样化，富于知识性和趣味性，能吸引读者，文字和图画要适合学生的理解力。

2. 课外小组活动组织

课外小组活动是课外和校外活动的基本组织形式，这种形式是建立在学生对活动的兴趣、爱好和要求的基础上的。小组的建立，应事先做好准备工作。要在学校和校外教育机构的领导下，由教师或辅导员具体负责，按学生不同的兴趣爱好，组织各种小组。小组人数根据参加者的年龄、活动的性质和内容而定，少则四五人，多则一二十人。小组人数一般不宜过多，人数过多，不便活动，也不便指导。小组可以跨班、跨年级，人数多的可以按班组织。小组辅导员可由教师或聘请科学家、技术人员以及有这方面专长的家长担任。小组活动次数不宜过多，每次活动时间也不宜过长，以免使学生负担过重。各小组活动都必须制定明确的目的任务、工作方向和具体的活动日期、地点和内容，并要有一定的组织制度和组织纪律，这些都要事先安排好以使活动的进行井然有序。小组活动要定期进行总结和考核。考核的方式有日志，把小组活动的各项作业和措施记录下来；收集保存组员工作成绩，如组员写的报告，制作的图样、模型、图画等，工作总结；小组成绩展览、表演；等等。各小组每次活动之后应适当小结，全学期要有总结，以便肯定成绩，找出问题，吸取经验教训，不断改进。课外和校外活动小组主要有以下几种形式。

（1）学科小组

学科小组是按学科组成小组，开展活动。小组活动内容是与课堂教学紧密联系的，是以课堂上讲授、学习的各门功课的知识为基础的。小组活动内容不限于教学大纲和教科书的范围，可以适当扩大和加深各学科的有关知识内容。有条件的可组织各门学科小组。活动的内容可以多种多样。各学科小组可请有关专家、学者、教师做报告、讲演，或收听有关的广播，阅读本学科的科学书籍，举行读书报告会，进行与本学科有关的参观、访问、观察、实验、试验活动。在进行认识性作业的同时，可以做一些实践性作业，如制作一些简单的教具、模型、标本、地图、幻灯片等。

（2）劳动和技术小组

劳动和技术小组是利用课余时间，组织学生进行各种有关劳动和技术的实际作业。如操作、使用车床、简单的机器，拆卸和安装各种简单机械，设计、制作各种模型、简单仪器和劳动工具，进行农作物和花木的栽培技术训练，以及饲养家禽、家畜等。

（3）艺术小组

艺术小组是把在艺术上有一定兴趣爱好和能力的学生组成各种艺术小组，对他们进行艺术教育活动。全校性的艺术小组有合唱队、舞蹈小组、乐器小组、戏剧小组、美术创作小组等。艺术小组活动是对高中生进行美育和德育教育的重要组成部分，对丰富学生的精神生活、活跃学校气氛具有重要作用。

（4）体育小组

体育小组是按照各个运动项目分门别类地进行组织和活动的，以满足学生不同的兴趣和爱好。小组活动的内容力求新鲜、合理，适合组员的程度并能促进他们进一步提高。

（5）阅读小组

阅读小组是一种在教师或辅导员的指导下，根据学生的兴趣和才能，组织学生进行个别活动的形式。个别活动的主要内容有学生独立钻研某种科学技术，独立阅读某类报纸书籍、写读书心得、写某些文艺作品，独立进行小型科学实验，调查、采集和收集各种标本，制作模型，参加跑步、游泳、滑冰等体育活动，以及唱歌、独奏、绘画和摄影等。阅读课外书籍是个别活动中的一项重要内容，它是对学生进行教育，培养学生爱科学、爱知识的思想以及自学能力和习惯的有力手段。要特别重视高中生的课外阅读习惯，并给予指导。此外，如发现在某些方面有特殊才能的学生，应加以专门指导和培养。总而言之，通过个别活动，可以使学生的个人生活丰富多彩、充实愉快，并培养他们安排自己生活的能力，扩大知识面，学会自我教育，提高自学能力和独立从事艺术创作、进行体育锻炼的能力。这些独立学习、工作、研究能力和习惯的培养，对学生日后走向社会具有十分重大的意义。

3. 个人活动组织

个人活动是在学校课外活动中个人独立进行的活动。课外活动中的个人活动往往与小组活动或群众性活动紧密结合，是小组活动或群众性活动的组成部分。个人活动对培养学生的自学能力、独立工作能力和独立研究能力具有十分重要的意义。个人活动主要有以下两种。

（1）课外阅读

课外阅读是学生在课余时间，根据自己的兴趣爱好或某一方面的需要所进行的一种完全自觉的读书活动。课外阅读可以开阔学生的知识视野，使学生及时接触和吸收新鲜知识；课外阅读能够培养学生的自学能力和思维能力；课外阅读还是课堂教学的营养线。因此，课外阅读是学生不可缺少的智力活动。

（2）小实验

个人活动中的小实验是学生为了验证某个科学真理、根据某种科学规律、检验自己某种假设或某种设计而独立进行的实际操作。小实验极有利于培养学生的实际操作能力、思维能力和创造能力，培养学生求实的科学态度和锲而不舍的精神，它是学生最感兴趣的课外活动之一。

除了课外阅读和小实验之外，一些小制作、独立练习、个人创作、个人调查访问等都是学校课外活动中的个人活动组织形式。

二、教学管理制度

教学管理制度是为加强学校教学管理而制定的教学规章、制度、条例、规则、细则和守则等，是全体教师、学生以及教学管理人员都必须共同遵守的教学行为准则。

（一）教学管理制度的内容

高中学校教学管理制度是非常复杂的，是教学管理工作要求的系统化和规范化，其内容主要包括以下四个部分。

第一，常规性规章制度，主要包括教师教学常规，教学处工作制度，教研组长、备课组长和班主任聘任制度，教师理论学习制度，新教师上岗培训制度，教师继续教育制度等。

第二，职责性规章制度，主要包含教学管理分组负责人职责，教务员工作职责，教研组长、备课组长、班主任职责以及教导主任职责等。

第三，过程性规章制度，主要包含听课评课制度、集体备课制度、教研活动制度、备课本检查制度、班主任经验交流制度等。

第四，总结性规章制度，主要包含先进教研组评选制度、学生教师评教制度、优秀教师评选制度、先进班集体以及优秀教师评选制度等。

从管理制度存在的形式来看，高中学校教学管理制度主要分为正式教学管理制度和非正式教学管理制度两方面。正式教学管理制度就是管理者设置教学管理的规章制度；非正式教学管理制度就是在教学实践过程中产生的隐形的规章制度。

教学制度不仅起到激励作用，还具有规范性。教学制度既规范了学生以及老师的行为，还在一定程度上推动了教与学双方的积极性、潜力以及创造性。先进的教学制度灵活而富有弹性、高效而充满活力、民主而开放，当人们在遵循规章制度的同时，还能拓展潜力，调动人们的积极性，这是任何教学时空、任何教育理念都无法取代的。

学生之间以及教师之间都会产生认识上的分歧，而且行为上有时也会出现不协调的情况。教学制度规范了教师和学生的行为，让他们之间和平共处，使得教学活动有序进行。教学制度在教学管理系统中起着重要的作用，不仅是教学管理制度的重要组成部分，还在一定程度上稳定教学秩序、加强教学质量以及提高教学效果。

（二）教学管理制度的策略

1. 提升教学管理主体素养

（1）加强教师的教学管理参与力度

在高中教学管理体系中，管理主体过于单一一直是一个大问题，此问题在高中教学中普遍存在。基于对高中教学管理体系的深刻分析，不难发现管理主体单一已经对教学质量、教学管理产生了重要影响。想要更好地解决这一问题，加大师生的教学管理参与力度显得尤为重要，因而要构建逐步趋于多元化、专业化的教学管理体系。在此过程中，应当充分发挥学生的主观能动性，倡导并鼓励师生参与教学管理实践，巩固并提升教师在教学管理中的地位，调动学生的积极性，这也是治理机制革新的核心所在。

第一，构建良好的管理氛围。师生只有在良好管理风气的熏陶下，才能更积极、主动地参与教学管理，这也是目前解决教学管理问题的重要途径之一。在传统教学管理中，教师总是处于被动适应的状态，在一定程度上削弱了教师管理的主动性，进而导致教师丧失管理的主体性。若想改变管理模式的现状，则必须转变管理方式，创建适宜管理的氛围，提升教师的主体性，打破控制型管理方式的束缚。

第二，设立并完善奖励机制。教师的教学和管理能力、教学态度在一定程度上都会影响其教学水平与质量，教学管理的初心并不是要束缚教师的发展，而是为了激发教师的工作热情，提升教师的创新能力以及实践能力，充分发挥教师的主体性。设立完善的奖励机制，不仅能够调动教师工作的积极性，还能够促进教师的发展。

第三，倡导并鼓励教师积极参与相应的规章制度。民主管理在教学管理中发挥着重要作用，所谓的民主管理实质上是一种秉持以人为本发展理念的新型管理模式，民主管理更加强调实事求是的重要性，要求学校结合当前的实际情况，科学、合理地进行教学评价，保护教师的权益，保障教师在教学管理中的主体性。

（2）提升教学管理主体人员的专业水平

从某种意义上讲，教学管理效果与教师的专业水平、教学态度、教学方式密切相关，下文就教师的专业水平对教学管理的影响展开具体论述。

第一，教学管理具有特殊性，此项管理与其他管理存在较大差异，其本身具有较强的专业性，这就对高中教师提出了更高的要求，提高教学管理主体人员的专业水平也就显得格外重要。高中教师应当具备完善的专业知识体系、较强的实践能力以及教学能力。

第二，对教学管理主体人员进行专业培训，提高其管理能力。专业的培训机制能够帮助教师树立端正的教学态度、掌握高效的教学方式，培养教师的管理意识和管理能力，通过科学、有效的管理方式来实现预期的目标。高中教师往往可以采用观察法、学习研讨法、调查法等方式进行管理。除此之外，还需要对教师的专业技能进行培训，提升教师的综合素养以及教学水平。

第三，教学管理主体人员必须养成深入探究、不断学习的良好习惯，全面提升个人修养和专业素养，在开展教学活动的过程中，不断发现问题并及时解决，要讲究管理的科学性、合理性以及高效性。

2. 建立健全教学管理制度

建立健全高中教学管理制度的方法如下。

第一，推动教务管理制度向专业化、多元化方向发展。专业取向的教学管理制度作为一种高效的新型管理制度，不仅能够冲破传统教学管理模式对于教师主体性的束缚，还能够充分发挥教师的教学热情。专业取向的教学管理制度不是约束、惩罚教师，而是正确引导、激励教师。

第二，最大限度地发挥教学管理制度的引导、激励作用。只有在科学、合理的规章制度的保障下，教学管理工作才能够顺利进行，这是因为规章制度对主体的行为具有一定的约束力，能够发挥约束教师教学行为的作用。奖励机制在教学管理过程中也扮演着十分重要的角色，表现突出的个人应当受到物质上或精神上的奖励，合理的奖罚制度能够激发教师的工作热情，更有助于教师积极参与教学管理活动。学校不能采用强制的方式对教师的行为进行约束，而是要正确引导教师，采用一定形式的奖励制度，最终实现高中教学管理的跨越式发展。

第三，尊重、关心教学管理主体人员，彰显人文情怀。教学的实质是创造性的劳动，教师绝不是机械地重复教学内容，而是富有创造力地开展一系列的教学活动。教学管理制度应当以人的发展为中心，尊重教学管理主体人员。高中教学管理制度的设置不能压制人性，要体现出对教师的尊重和关怀。在高中教学管理制度执行的过程中不能一味机械地照章办事，而是要具有一定的灵活性和弹性。

第四，结合本校的实际情况，制定合适的教学管理制度。一切从实际出发、实事求是是教学管理制度制定的基本原则。不同学校的背景、发展各不相同，不能照搬照抄、僵化死板，而是要结合本校发展状况，制定符合当前状况的制度体系。

第五，确立高效的管理实施体系。执行阶段在教学管理中占据重要地位，再好的管理制度也必须付诸实际行动才能够真正发挥作用。因此，提高管理制度的可行性，有效执行教学管理制度对于提升管理能力而言具有重要意义。

第六，高度重视教育管理制度的时效性。教学管理制度应紧跟教育发展的脚步，在实践中不断完善，对所存在的问题及时做出调整，真正做到"在实践中创新，在实践中发展"。

第二节　校园文化与课堂管理

一、校园文化分析

校园文化①是一种独特的意识形态和群体意识，其存在和发展都是客观的，在人文自然环境的长期熏陶和影响下，将培育和积淀下来的传统文化和人文精神转化为某种人们共同的价值追求和行为规范，进而在校园文化主体身上不断产生影响，对校园中个体的价值观、人生观、情感、人格等方面起到引导和影响的作用。同时，校园文化也是一个综合体，具有多个层次和不同的方面。在构成要素方面，理性和感性兼具，既有比较实用的，也有艺术性的，动态和静态相结合，理论和实践并重。在构成要素方面丰富多样，可以从不同方面对高中生进行美的教育，通过多种方式和渠道影响他们的审美心理，从整体上提高学生对美的感受和理解，提高审美能力，激发他们的审美创造力等。而审美创造是学生通过感受、理解、欣赏、评价语言文字及作品，获得较为丰富的审美经验，具有初步的感受美、发现美和运用语言文字表现美、创造美的能力；审美创造使学生涵养高雅情趣，具备健康的审美意识和正确的审美观念，力求帮助高中生在感知、情感等心理功能方面协调发展，让学生拥有更加完美的人格。

（一）校园文化的层次结构

现实的校园文化是立体的、开放的、丰富多彩的，不是平面的、封闭的、单调无规则的。认识和区分校园文化层次结构的基本原则，应该是按照校园文化要素间内在逻辑关

---

① 校园文化是以学生为主体，以课外文化活动为主要内容；校园文化建设是以学生为主体，校园为主要空间，涵盖院校领导、教职工在内，以校园精神为主要特征的一种群体文化。校园文化是社会整体文化的一部分。校园文化一般取自该学校的精神文化的含义。

系，从不同的视角考察校园文化，并最终立体地、综合地把握校园文化。一般而言，从高中校园文化的质态结构、主体结构、职能结构和时间结构等方面分析校园文化，就可以对校园文化的结构状况有一个比较完整的了解。

1. 校园文化的质态结构

所谓质态是指文化的特殊形态。质态既是文化的最小单位，也是独立意义的单位，是文化本体意义上最小的存在单位，或最小的构成因素，就像世界万物都是由物质构成的、物质是万物的最小存在单位为我们所认识的一样。校园文化按其质态，可以分为观念文化、制度文化、物质文化和行为文化四个层次，并按相互间的支配与被支配、作用与反作用的关系，形成以观念文化为核心，向外依次是制度文化、物质文化和行为文化的同心圆结构。

2. 校园文化的职能结构

在校园文化中文化信息的传递通常由于学校不同的职能部门而有了职能的特征，从而使文化渗透影响的方式出现差异。按照校园文化的职能特征，校园文化可以分为决策管理文化、教学学术文化、生活娱乐文化三个层次。

第一，决策管理文化是指学校决策与管理的理念，以及相应的制度、方式和行为。不同理念、制度、方式和行为下形成的决策与管理，反映出来的价值观念与文化意义是完全不同的，对校园文化的形成、发展的结果也完全不同。透过学校的决策与管理，人们能清晰感受到一所学校的文化品位和学校精神。因此，从职能上，决策管理文化不仅是一个独立的校园文化层次，而且居于校园文化的核心地位，并统揽校园文化全局。

第二，教学学术文化是教学科研行为、结果和制度上透射出来的学校办学理念和办学精神。教学学术文化是校园文化的主要内容，也是学校文化区别于其他文化的重要特征。

第三，生活娱乐文化是在工作学习之外，在全体师生员工的生活方式与业余娱乐活动中表现出来的文化现象，是学校的价值取向对生活娱乐影响的结果。它处在学校的主流文化的外层，与决策管理文化、教学学术文化既有相关性，相互间的作用又不十分紧密。它是学校中最广泛存在的一种文化形式，表现在各种有组织的，或自发的活动之中，有很大的随意性、松散性。校园生活娱乐文化与社会大众文化在本质特征上虽然没有区别，却是校园文化中不可缺少的层次和内容，是其有机的组成部分。

3. 校园文化的时间结构

从文化演变的时间过程上，校园文化可以分为传统文化、现代文化和后现代文化三个层次。

第一，校园传统文化是指学校发展过程中形成的习惯、历史记录、传统的体制机制和文化心理等，它是学校发展史上被广大师生认同的内容。

第二，校园现代文化是指具有时代特色、在文化交流中出现和形成的思想观念、制度体制、言行变化等，诸如校园网及网络文化、精英教育向大众教育转变后的观念方式变化与体制机制变化、对校园生态环境建设的重视与环境观念的变化、适应市场经济的道德观念和言行、现代尖端科技的出现及年轻专家学者的大量涌现等。传统文化与现代文化共同构成现实的校园文化。

第三，校园后现代文化是校园文化的发展趋势，是面向未来的校园文化。教育是面向未来的，这要求教育既要为未来社会培养人，又要研究未来社会的教育形态。当前，大众化的教育模式已经形成，学校教育改革趋势日渐清晰，这些都要求校园文化的创新发展。

（二）校园文化的类别

校园文化的类别主要涉及如下（图2-2）。

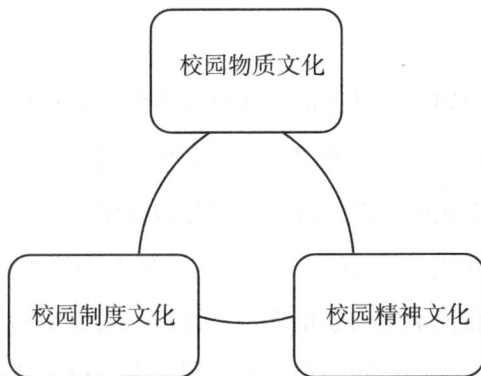

图2-2　校园文化的类别

1. 校园物质文化

校园物质文化是校园文化建设不可或缺的一部分。优美的校园环境可以在无形中对学生的精神产生影响。干净、整洁、优美的校园环境在学生人格塑造和培养中具有重要的作用，引导着学生不断完善自身人格，让学生保持积极向上的生活态度，在生活中不断探索，也可以激励学生和教师不断进取，提高师生的审美能力，在师生的行为方面具有一定的导向性。

校园内的建筑、教学设施、活动场所、植被绿化、图书馆等都属于校园物质文化。首先，校内的建筑与景观建设是比较实用的部分。建筑属于艺术的一个门类，其最大的特点是既可以满足人们的使用需求，也可以利用其空间形象，反映出一个国家的文化背景、思想情感和审美方面的特点。其次，是教学手段和科研条件的建设。当今时代，科技发展日新月异，教学手段和科研条件也在不断更新和发展，传统的教学方式和研究方法在如今科学技术快速发展的时代已经不适用了，反而会制约和阻碍科研的发展。在人才培养中，教学手段和科研条件的建设至关重要。另外，数字化教学环境的建设也不可或缺，学校校园网、电子图书馆、多媒体教室等先进的设备为教师和学生信息技术能力的提高创造了条件。在校园文化宣传中，语言媒介也被普遍运用，学校广播站、网络、报纸、杂志、黑板报、明信片、贺卡等作为校园文化宣传的媒介，也极大地促进了师生和生生之间的沟通交流，为校园精神文化的传播提供了便利。

校园物质文化要将其意境化的特征充分体现出来，才能够在学生人格培养过程中发挥更大的作用。主体对客体的反映是通过情感表现出来的，人们会根据自身情感体验来判断客观事物是否满足自身需求，因为有客观现实的需要，所以才会有情感的产生。校园物质文化集中体现了校园中人们的精神生活，每一处人文景观都传递出人们的情感以及思想倾向。优美的校园建筑和设施应该与大自然融为一体，让人们一看就能够产生情感上的共鸣，进而在精神上受到熏陶。

2. 校园精神文化

教育不仅要为学生学习知识提供渠道，还要注重学生精神世界的建设，应该在高中校园内建设精神文化。文化是一门隐性的课程，它和传统的课堂教学不同，并不会有明确的教学计划，不会进行课堂形式的授课，也不会有分数评定，它是精神层面的产物，是校园内充斥着的特色氛围。优秀的校园精神文化能在无形之中影响学生、熏陶学生、同化学生、改造学生，能够帮助在校学生树立正确的世界观、人生观和价值观，让学生正确认识世界、了解世界、思考人生，探索属于自己的光明未来。校园精神文化和美育之间的互动交流能够让学生身心和人格健康、健全发展，能提高学生的道德水平。

校园精神文化建设需要建设载体，也就是校园文化活动。校园文化活动能够承载校园精神，能够将道德要求、文化要求、品质要求融合在活动过程中，能够让精神层面的校园文化表现在具体的实践活动中。活动具有群众性、自发性，在参与活动的过程中，学生能够得到知识与情感的双重体验。精神文化的内化需要学生在课内活动、课外活动中主动理解与表达，只有这样才是真正的精神内化。所以，我们说校园精神文化活动必须注重体验性，只有让学生真正地感受了，学生才能真正内化精神文化，促进自我人格的养成。体验的过程中学生投入了情感，也能在活动当中发现自我、认识自我。从心理学的角度来看，体验的过程是感受活动蕴含的艺术的过程，如果学生能够全身心投入，那么会在活动当中获得沉浸式的体验。体验讲究的是主动、亲身经历、细细品味，体验过程是学生知情意行的互动过程，能够让学生养成良好的人格品德，对学生的发展而言至关重要。

活动在实施过程中主要涉及两个层面的内容：第一个层面，要做到校园文化活动的丰富多样。校园文化活动能够有效地提高学生的审美性，让审美文化更加丰富，有内涵，也是学生在课堂之外提高美育的主要方式和手段。因此，学校应该组织和艺术相关的讲座、会演、报告以及交流活动，为学生艺术的获取和提高提供渠道，让学生的艺术需求能够得到更好的满足。第二个层面，要做到审美实践活动的丰富多样。学生的审美实践需要依托各种各样的审美实践活动，也要依托社会上的审美资源。校园文化很多都涉及审美要素，而且表达形式比较新颖，活动格调比较高雅，这些都能够给学生带来审美体验，也是发展高效美育的重要载体。除此之外，社会当中的艺术馆、美术馆、旅游景点也能够为审美提高、审美活动的开展提供支持。

学校要时刻了解关注社会上的美育资源的发展动态，并且为学生课后美育活动的开展提供指导，鼓励学生参加各种形式的文化演出、文化活动，培养学生感受艺术美、自然美、社会美的能力，形成多层次的审美欣赏能力，不断地提高自己的审美能力。

3. 校园制度文化

校园制度文化涉及管理制度、管理措施以及校园内的行为规范、行为准则等。校园制度文化的特点是精确、稳定、权威以及有导向性，校园制度文化能够很好地指导学生的人格发展，具体体现在以下两个方面。

第一，校园制度文化能够指导和规范学生的人格发展。少年时代正是人格发展和形成的关键阶段，而且青少年的可塑性非常强，外来的不良文化可能会对高中生的成长产生误导，校园制度文化所具有的权威性能够很好地约束和纠正一些不良行为。校园制度是任何人都不能违背的、需要彻底贯彻落实的制度，这种权威性也体现在校园活动之中，强有力地约束了不良行为、不良思想的产生，能够让学生形成正确的思想，让学生的发展符合整个社会、学校以及家庭的期待，具有引导学生人格发展的重要作用。

第二，校园制度文化能够让学生形成正确的价值观，让学生形成正确的是非判断标准。学生健康的人格应该包含正确的价值观以及是非判断标准。学校的制度文化是社会当中制度文化的缩影，校园制度文化的建立健全能够让学生正确认识社会当中的经济制度、道德制度、法律制度，能够培养学生养成正确的社会价值观。

（三）校园文化的作用

校园文化是高中学校教育发展的重要组成部分，对提高教育水平、促进教育改革和发展具有重要的作用。

1. 精神积淀作用

校园文化不仅表现在高中学校的校园环境、基本建设上，更重要的是学校的人文环境。健康向上的校园文化是学校持续健康发展的精神支柱和根本保证。

学校校园文化是在长期的办学实践中所形成的历史沉淀物，它不仅体现着学校的理念，还体现着学校对人的价值和生存意义的关怀，同时又以价值观念和行为规范的形式约束着每个学生的行为，显示了学校超强的育人功能和不同于其他机构的气质特征。所以，学校校园文化应是校园精神的最直观体现，在实现其培养目标的过程中，不可忽视全面、系统、丰厚的校园文化在其中起到的重大作用。

2. 精神管理的作用

优秀的校园文化已经成为学校发展的一种核心力量，并渗透于学校的所有教育、教学管理活动之中。在学校内部，校园文化对师生员工起着整合、导向、凝聚、规范和激励等作用。校园文化一旦形成，就会成为约束人的行为的非正式控制规则，从而促使人们放弃一些不适宜的行为习惯和利益取向，形成共享目标、荣辱感和奉献精神。同时，它能使人际关系更加融洽，组织之间更加协调，内涵发展更加持续。

校园文化是学校整体育人环境不可分割的重要组成部分。加强校园文化建设，有利于进一步夯实素质教育的物质基础，提高学生的审美意识；有利于培养学生良好的行为习惯，提高学生道德素养；有利于丰富校园生活，培养学生创新精神和实践能力。加强校园文化建设的过程，就是促进学生全面发展，促进学校管理的科学化、规范化的过程。校园文化建设所形成的学校精神、校风、校训和规章制度能有效地规范师生员工的行为，明确各自的职责要求，提高管理工作的质量。从一定意义上说，学校校园文化建设能有效地促进教育目标的实现。

（四）校园文化的功能

1. 校园文化的辐射功能

校园文化的辐射功能是指校园文化一旦形成较为固定的模式，它不仅会在校园内发挥作用，而且也会通过各种渠道对社会产生影响。学校是传播精神文化的场所，放在社会上，学校教育本身就是社会文化的重要内容，因此，校园文化的层次和品位会相对高于一般的社会大众文化，并在社会文化的互动中形成学校文化场。学校文化场对社会的辐射具有其他文化场无法比拟的功能优势，它不仅表现为向所在地区、向社会源源不断地输送一定数量的高素质的文化人，还在文化建设的模式上提供社会发展范例。校园文化往往居于一个地区社会文化的较高层次，其思维方式、情感方式、行为方式、文化模式等在该地区会产生广泛的影响。

校园文化在培养人才方面有着重要的地位和作用。学校是融知识集成、科研技能和素质培养于一体的高级人才培养基地，健康向上的校园文化则为学生全面发展提供精神环境和文化氛围，以其强大的感召力实现对学生精神、心灵、人格的塑造，陶冶情操，提高综合素质。

校园文化是社会文化的子系统，是社会主义先进文化的一部分，具有社会文化总的趋向和特征，但同时它又有着区别于其他群体文化的鲜明功能：第一，对社会主义文化的传承与发展功能。校园是人类文化传递的有效场所，一方面，校园文化认同和继承现有的文化成果，包括科技知识、思想观念和社会规范等；另一方面，我们的教育必须面向现代化、面向世界、面向未来。第二，对先进文化的传播功能。学校不仅能生产先进文化，而且能传播社会的先进文化。这种传播有多种渠道，主要是学校文明形象的传播、培养人才的传播、对外交往的传播等。学校校园文化的这一功能，在全球化背景下，有利于国家发展、学校进步、个人成长，这是毋庸置疑的。

2. 校园文化的育人功能

以价值观为核心的校园文化是现代教育中不可缺少的重要组成部分，对学校的发展而言是一种具有神奇作用的内在动力。学校校园文化的最核心功能是育人功能，校园文化建设的主要目的是育人，校园文化与其他所有文化一样具有导向、激励、约束、调适（协调规范）和凝聚等各种功能。

（1）校园文化的导向功能

校园文化的导向功能是指校园文化通过自身各种文化要素集中、一致的作用，对校园整体和校园个体的价值与行为取向产生引导作用，使之符合学校所确定的目标。

校园文化之所以具有导向功能，是因为一个学校的校园文化一旦形成，就会建立起自己的价值体系和规范标准。人的观念、思想和行为受周围环境的影响，特别是文化环境的影响。当学校的成员在价值取向和行为取向上与校园文化主导价值观念产生对立现象时，个人在校园文化的强烈影响下就会倾向于慢慢接受学校文化的引导，在潜移默化中接受周围的共同价值观，使自己的价值取向与学校价值取向和谐一致起来。

校园文化受学校发展理念和校园个体的主体性行为的影响，同时受社会经济、政治、文化要求的引导。前者是校园文化发展的内因，后者是外因。自觉的校园文化——内因的变化为自身发展变化的主要根据；相反，以外因的变化为主要根据的校园文化则是自在的文化。校园文化中这种自觉因素与自在因素的互动，构成了校园文化发展的动力。比如，随着市场经济的不断发展，社会向人们提出了许多新要求，包括主体意识、竞争观念、法制观念、效益观念等，这是反映时代要求的新观念，它对校园成员会产生积极的推动作用。

（2）校园文化的激励功能

校园文化的激励功能是指校园文化具有使学生从内心产生一种高昂情绪和发奋进取精

神的效应，而这种积极向上的思想观念及行为准则可以形成强烈的使命感、持久的驱动力，成为学生自我激励的一座航标。一般而言，激励作用主要产生于三个方面，即物质性激励、精神性激励和竞争性激励，校园文化对学生的激励作用更多地表现为精神性激励。

校园文化建设的激励功能渗透在学校工作的各个方面。如在学校文化建设中，师生员工需要美丽、整洁、舒适的校园环境，需要健康、丰富的精神文化生活，需要优良的校风、教风和学风，需要发挥个人才能特长的条件等。而这些需要只有在一定的目标要求下，在文化建设的过程中才能达到最理想的效果。学校要通过开展各种文化活动强化师生员工建设校园文化的动机，并导入校园文化建设的具体目标，激励学生在共同努力下，把需要变成现实。这种激励功能是为培养合格人才服务的，它不仅仅是调动学生的积极性和强化他们实现目标的意识，更重要的是要通过激励作用，培养学生的集体主义观念和高尚的人格品质，促进他们相互学习、相互帮助和共同进步。

（3）校园文化的约束功能

校园文化的约束功能是指校园文化对每个校园主体的思想、心理和行为具有约束和规范作用。校园文化的约束一般不是通过直接的硬性手段实现的，而是通过营造一定的思想氛围、道德氛围和行为氛围，影响学生的价值观、道德观和行为心理间接地、软性地实现。在通常情况下，群体意识、社会舆论、共同的习俗和风尚等精神文化内容，对个体行为产生强大的大众化的群体心理压力和动力，在每一个学生的心理引起共鸣，进而产生行为的自我控制，使行为与学校的整体要求一致。校园文化的约束功能主要源自制度文化、行为文化层面。

（4）校园文化的调适功能

校园文化的调适功能是指校园文化要在学校内部创造一种情感相通、关系融洽的和谐环境。它注意消除不公正现象，启发全校成员的内省力，使人际关系和谐；它注意满足学生感情和价值实现上的需要。校园文化通过创造一致的精神气候和融洽的文化氛围，形成一种有效的软约束机制，以消除人们心理上的自我干扰和行为上的相互摩擦，减少内耗，协调人际关系，使个体的潜能得到进一步的发掘和发挥。例如，渗透了校园文化精神的学校校规校训、校风校貌、校内人际关系、道德风尚等，对学校每个成员的思想和行为都起着一定的约束作用，是一种由内心心理制约而发生作用的自我管理和约束，它是通过学校成员自省时的内疚自责而改变不良行为的约束。

校园文化的调适功能主要体现为三个层次：一是学校中师生个体行为相互配合，从而产生最优绩效；二是局部工作上的协调，主要是指学校各部门的相互配合与支持；三是指精神上的相互协调、相互认同，互为精神支柱。这种协调是最高境界的协调，是信仰上的理解，追求上的默契，人格上的认可，品德上的尊敬，情感上的融洽，价值观上的基本一致，行为上的相互信任。

学校校园文化的调适功能主要是相对于人际关系冲突特别是思想冲突而言的。对教师而言，良好的校园文化能促使同事之间精神上相互认同、互为支柱。在校园精神文化的烛照下，同事之间信仰上理解、追求上默契、人格上认同、品德上尊重、情感上融洽、理念上求同、行为上信任，构建形成和谐的人际关系。对学生而言，健康向上的精神文化，有利于学生化解不良情绪，放松紧张心理；启迪学生正视自我，愉悦身心，克服困难，增加信心，增强自我调节能力，增强奋发向上的动力。

（5）校园文化的凝聚功能

校园文化的凝聚功能是指当校园文化中以学校精神为核心的价值观被校园主体共同认可之后，在全体校园主体中产生强烈的认同感和归属感，使个人的信念、感情、行为与学校的目标有机统一起来，形成稳定的文化氛围，凝聚成一种合力和整体趋向，从而产生一种巨大的向心力和凝聚力。

凝聚力是一种精神动力。民族的凝聚力是综合国力的重要部分。学生的凝聚力是学校战胜一切困难，促进发展的重要力量。校园文化建设的凝聚功能是在师生员工的共同努力下形成的，它是被全校师生员工认同而又具有独特风格的学校精神。学校校园文化的凝聚功能主要体现在：巩固现有师生的团结，对于新加入的师生起转化、融合的功能。校园文化中所蕴含的价值观被学校成员共同认可后，这种价值观便成为师生的黏合剂，从而产生巨大的向心力和凝聚力，从各个方面将广大师生团结在一起，使全体师生乐于参加学校的建设，发挥各自的潜能，为办学目标的实现做出贡献。对于学校新成员而言，良好的学校校园文化具有辐射、转化、融合的功能，新的师生经过耳濡目染，会潜移默化地受到熏陶，逐步融入学校整体中去，成为校园文化的继承者和传递者。

在学校人际关系融洽、和谐和进取的基础上，当师生员工的个人发展要求、兴趣爱好与学校精神融为一体时，将会产生巨大的凝聚力，这种凝聚力又将会促使师生员工认同学校精神，找到自己在学校发展中的责任和使命，产生维护学校精神的强烈归属感和责任心，愿意和学校同呼吸、共命运。学校要通过有计划、有步骤地开展师生员工喜闻乐见的校园文化活动，激发师生员工的兴趣，让他们产生积极参与和合作的热情，充分发挥和展示他们的才智和积极性，让师生员工的个人发展要求、兴趣爱好与学校精神融为一体，形成统一的价值观和行为准则。底蕴深厚、健康向上、丰富多彩的校园文化将学生的兴趣爱好、青春活力集中于人格的完善、学业的完成和素质的提高上，从而减少不良文化的影响和不良行为的发生，起到了促进学校稳定和发展的作用。学校工作会产生巨大的向心力和凝聚力，校园文化也就会升华成为一种促进师生员工奋发向上的学校精神。

（五）校园文化的建设

校园文化建设同人类的其他社会行为一样，是有意识、有目的的活动，有其自身应该遵循的理念和原则。正确地理解和掌握这些理念和原则，既是对校园文化建设本质认识的深化，也是科学实现校园文化建设的重要前提。理念和原则既有联系，也有区别，二者都是校园文化建设的基本要求，但理念侧重于思想理性层面的要求，原则着眼于方法、手段、措施层面的要求。

1. 校园文化建设理念

校园文化建设的理念决定着高中校园文化建设的性质，直接关系着高中校园文化建设目标的实现。准确把握和理解校园文化建设的理念，是提高校园文化建设的科学性和有效性的基本条件。高中学校校园文化建设应该把握的理念有很多，其中最为重要的是：建设和谐校园的理念、以学生为主体的理念等。

（1）建设和谐校园的理念

校园是社会的特殊组成部分，它所形成的独具特色的校园文化在中国社会中具有强大的影响力，有时对中国社会及文化意识的冲击具有深远的影响。在和谐校园文化构建中只有从内涵着手，使物质文化、制度文化、精神文化有机结合，共同建设，才能真正发挥导向辐射功能、教育净化功能、陶冶塑造功能、凝聚激励功能、约束规范功能、调适慰藉功能。要优化校园环境，良好的校园环境可以增强师生的内聚力和荣誉感，既是校园物质文明建设的成果，又是学校精神文明建设的反映。因此，学校在校园规划设计中不但要符合建筑学、教育学方面的要求，还要符合学校长远发展的要求，根据学校环境特点、专业性质、自然人文条件等做到既能古今传承，又具有时代精神和教育意义；既要体现青年学生生动活泼、充满朝气的特点，又要体现学校的办学理念、治学风格，以振奋精神，激发理想，催人向上，做到人与环境、自然的和谐。

（2）坚持以学生为主的理念

在高中校园文化建设的实际工作中，也必须牢固树立以学生为主体的理念，体现以学生为主体的思想。坚持以学生为主体的理念，从根本上来看，不仅是让校园文化服务于学生，发挥它的育人功能，而且更为重要的是为了更好地发挥学生各方面（包括课堂学习、课余活动、社会实践）的积极性和主动性，让他们广泛参与到校园文化建设中来。对今天的学生而言，他们所面临的知识不是太少而是太多了，在校学习所面临的困难，不是如何吸收知识，而是如何选择对自己有价值的知识和活动。通过校园文化建设等活动，引导学生在浩瀚的知识海洋中选择更适合我国国情、更适合自己或更适合某个特定目标的知识。

校园文化建设的重要任务之一就是要让学生学会选择，而且具有这种进行选择的主体性能力，使学生成为学习的主体，充分发挥其主动性、主体性，从而实现教育目标。

2. 校园文化建设的原则

校园文化建设的原则是为实现高中校园文化建设的目标，在总结实践经验的基础上制定的、实施校园文化建设所应该遵循的基本准则。正确地掌握和运用这些原则是遵循校园文化建设规律、实现校园文化建设目标的重要前提和保证。

(1) 物质文化与精神文化相统一的原则

校园物质文化建设是校园中各种可见的、有形的、自然的文化特征，它们显示在校园空间中，反映一定群体的精神风貌、审美情趣、价值趋向。校园物质文化景观作为人类空间设计的特殊产物、育人的场所，集中反映了一个国家文化价值观念的主流，尤其反映了教育目的的价值取向。学生生活在其中，会受到潜移默化的教育影响，形成相应的文化观念，开阔自身的生活视野。

校园精神文化建设是学校在长期办学过程中形成的一种学校意识和文化观念，它是一种深层的校园文化，是校园文化的核心，体现着校园文化的方向和实质。当代社会的精神文化内涵丰富，科学精神、人文精神和创新精神是其主要方面。在校园文化建设的系统中，精神文化对学校的发展和师生群体积极向上的思想行为的形成有着不可替代的作用。首先，由于精神文化反映了学校最重要的价值取向，因此它在很大程度上影响和主导着师生的价值取向，可以唤起师生高尚的情感，影响和形成他们真善美的德行和品格，从而表现出价值导向的功能。其次，培养"以校为荣，为校争光"的家园感情，增强师生的向心力、归属感和责任感是学校精神文化建设的立足点，这种借助精神纽带吸引和团结校内所有成员，并唤起和建立起来的求实、求真、求新精神和高度和谐、信任、友爱、理解、互尊的群体共识，有利于排斥有悖于校园精神的离心情绪，形成校园群体共同拥有的责任意识、归属意识、集体意识、创新意识，增强校园凝聚力。最后，由精神文化产生的教育环境和精神氛围，对学生本身就是一种潜在心理压力和动力，客观上还可以造成一种学校规范和约束的效果。

(2) 科学精神与人文精神相统一的原则

科学精神与人文精神是人类精神不可或缺的重要内容。科学精神伴随着人类科学活动的产生而产生、发展而发展。从早期崇尚自然、追求和谐、坚持思考，到今天人们在生产生活实践基础上，形成勤于探索、善于启智、精于研修、敢于怀疑、勇于创新的精神，使当代的科学精神有着全新的内容：一方面，随着科学理论的升华和科学技术的进步，科学实践已成为人们生活方式的一部分；另一方面，对科学技术的功用辩证地把握，既要积极促进科技发展，又要通过人类共同的努力，防范其产生不良后果。

（3）共性与个性相统一的原则

现代社会往往令人生活在一种左右为难的价值冲突与矛盾之中。一方面，人们实实在在地感受到全球化和科学技术带来的经济、政治、文化乃至生活方式的渐进式一体化趋势；另一方面，人们总是渴求一种认同感和归属感。学校校园文化建设同样面临着在二者之间谋求一种良性互补的课题，即在充分保留和发展个性的基础上，了解和遵从校园文化发展的共性及其普遍行为模式，实现共性与个性的统一。

校园文化的共性要求亦即其普遍性要求，是指校园文化建设应站在整个人类文化发展的高度，使自己认识到其不仅归属于某种文化，而且是人类社会的一分子，在与社会的互动关系中，某个阶段的校园文化总是要受社会发展阶段、政治经济发展水平、教育政策、社会思潮等种种因素的影响和制约，需要了解和遵循人类文化发展的普遍意义和规律。它反映出学校校园文化的共性特征。

校园文化的个性要求亦即其特殊性要求，是指某一所学校或某一类学校根据其自身特点所形成的独特要求，它反映出校园文化的个性特征。个性和特色的形成有着深厚的历史积淀，因此，校园文化建设要与时俱进，但绝不意味着抛弃个性和特色，都采用一种发展模式。没有了个性，也就不会形成良好的共性。每所学校都要认清自己的优势，找准自己的定位，保持自己的个性，不追风、不趋同，办出特色、办出水平，才能保持住自己的优势。

（4）继承与创新相统一的原则

学校校园文化建设要始终坚持继承与创新相统一的原则。校园文化与社会其他文化一样，都是一定社会生活的反映，社会是发展的，文化也要发展，也要创新，也要与时俱进。但文化的发展创新是在继承优秀文化传统基础之上的创新。中国教育在长期发展过程中积累了很多校园文化建设的传统和经验，这些传统和经验是宝贵的，是应该继承的。

第一，校园文化创新的要求（表2-2）。

表2-2　校园文化创新的要求

类别	内容
着力推进观念创新	在推进校园文化建设的创新过程中，全面总结、继承学校的优良传统，正确分析、认识学校现状，借鉴、引入先进文化和理念，形成一种能被师生普遍认同和理解的价值观和组织信念，而不能单纯依靠行政命令、规章制度去约束学生，应把校园文化建设作为教育的一个重要内容来抓，把校园文化建设提高到培养合格的社会主义建设者和接班人的高度来认识，促进教书育人、管理育人、服务育人的真正落实

类别	内容
着力推进精神文化内容创新	学校必须创新校园精神文化内容，大力发展先进文化，支持健康有益文化，努力改造落后文化，坚决抵制腐朽文化，从而正确引导校园文化的走向，使学校成为先进文化的重要基地
着力推进制度文化创新	在市场经济条件下，学生的思想行为发生了深刻的变化，其价值观念、理想信仰等出现了多元化、全方位化的趋势，这就要求我们必须以科学的态度、严格的制度去引导、调控和规范校园文化。学校的各项制度要为大多数学生接受并能长期坚持下去，从学生中来，反映学生的意志，尊重学生的意见；要保持相对稳定性，为管理的连续性提供重要保证。但制度并非一成不变的，随着形势的发展，学生思想政治素质的提高，以及不断出现的新情况，可以有针对性地对管理制度加以改进，这不仅是民主管理、科学管理的重要体现，也是校园文化建设的内在要求。只有做到以合理的规章制度规范校园文化建设，才能保证校园文化积极、健康地发展，也才能真正起到文化育人的作用
着力推进文化活动形式创新	任何一种理念或者思想，都必须通过一定的活动形式来表达。在网络进入校园、各种思潮纷繁复杂涌入学校的新形势下，如果仍然全部采用常规的手段和方法，容易引起学生的反感和抵触。可以在保留有效形式的基础之上，转换思路，另辟蹊径，从学生感兴趣的地方着手，以期取得意想不到的效果

第二，校园文化建设要继承民族传统。中华民族的传统文化博大精深，内容极其丰富，其中不乏精华，这些民族传统精华是包括校园文化建设在内的社会主义文化建设需要继承与传承的。文化继承既有纵向传承之内涵，也有横向借鉴之含义。学校校园文化建设必须立足现实，面向未来，面向世界，学习相关名校的经验，把学得的经验和本校的实际相结合，有选择地加以利用。

总而言之，校园文化建设的创新，必须处理好继承与发展的关系，发掘我国优秀文化传统的精髓，在继承中创新发展；必须处理好民族文化与外来文化的关系，坚持对外开放，开展对外文化交流，吸收世界文化中的优秀成果；必须处理好弘扬主旋律与提倡多样化的关系，在坚持优良传统的基础上，以观念的创新带动制度、内容、形式的创新，让校园文化活动的创新蔚然成风。

3. 校园文化建设的要求

（1）校风与学风建设要求

校风是一所高中学校师生员工共同具有并表现出来的突出的行为作风，是在目标一致的基础上，经过集体的努力，长期形成的一种风气。它是高中校园文化建设的核心，是校园文化中表现最活跃、最有教育力量的因素，既是培养师生良好思想行为的土壤，又是校园文化赖以存在的支柱。

校风的形成和建设是一个长期过程，但良好的校风一经形成，它就是一种巨大的教育力量和价值导向，时刻给人以潜移默化的影响，使校园主体不断调整自己的世界观、人生观和价值观，自觉改变与校风不适的言行举止，由不自觉地顺从到自觉融入再到积极参与，成为校园主体重塑自我的能量。校风也是一种巨大的管理力量，它从价值准则上规范着人们的行为和习惯，具有强大的约束力和震撼力，这种无声的命令产生持久的凝聚作用，使校园主体为了共同的追求而顾全大局。

学风是学生学习目的、学习态度、学习纪律的综合反映。学风问题直接影响教育质量。从学校来看，学风问题影响其教育质量和人才培养水平；从学生来看，学风问题影响其自身的学习绩效，乃至今后的成长和进步。一所学校真正形成了勤奋、严谨、求实、进取的优良学风，就会对生活在这个环境中的每位学生产生潜移默化的影响，使学生自觉不自觉地受到熏陶。这种熏陶和影响，对于提高教育质量、促进人才培养具有直接的推动作用。

第一，学校校风建设要求。优良校风的培育，一般要经过认识的提高、情感的体验、意志的努力和行为的锻炼，才能逐步养成校园主体共同的习惯和风尚，形成学校统一的舆论和风气。所以，要根据校风养成的特点，从一点一滴的培育做起，反复强化，持之以恒，不断加以倡导和推进，把理想教育和常规管理结合起来，从严要求，抓深抓细，扎扎实实，讲求实效；把合乎共同理想、目标的行为习惯和精神风尚转化为校园主体的自觉的观念和追求，促进校风的建设。

优良校风的形成，还需要有科学规范的管理制度体系。制度体现校风，校风是无形的制度，制度一旦经校园主体认同并从内心接受，就会形成他们自觉遵从和维护的无须强制便能发生教育影响的精神要求。因此，要从本校的实际出发建立和完善各项管理制度，做到从教务、学生管理、科研、财务、设备、人力资源、后勤、行政、党务等到师生员工的个人行为规范、各项管理制度具体健全，操作性强，衔接一致，并保持相对的稳定性。一个好的校风不仅需要有一个好的体制，更需要一个好的领导和管理机构。制度制定以后，学校要组织校园主体认真学习各项制度，努力做到人尽皆知，自觉地贯彻执行。

第二，学校学风建设要求。优良的学风重在建设，学风建设与校风建设一样，有其自身的规律，需要科学的方法。一般而言，学校学风建设应做到以下几个方面（表2-3）。

表 2-3　学校学风建设要求

类别	内容
切实加强领导作风建设	领导作风是学风建设的关键，要建设好的学风，首先要加强领导作风建设。领导作风的建设要按照要求进行，做到实事求是、与时俱进，深入了解学校教育的特点，不断深化对教育实质的认识，准确把握育人标准的内涵和要求，用科学的发展观来确定学校发展的主次要工作，不断提高管理能力和水平。将科学的领导理念贯穿完善、制定和实施科学规范的管理规章制度中，确保学风建设的顺利进行
端正教风是学风建设的突破口	优良学风是优良教风的必然要求与最终结果，教师要以德育人、爱岗敬业、为人师表、教书育人，以自己的道德追求、道德情感、道德形象去引导教育学生；强化教书育人责任意识，与学生建立相互尊重的现代师生关系，以崇高的人格魅力影响和带动学生，以优良的教风带动学风建设，以良好的学风促进教风发展，形成师生互动、教学相长的生动局面；大力提倡严谨治学、从严治教的作风，把教书和育人结合起来，培养能力和开发智力结合起来，言传和身教结合起来
注重思想教育，帮助学生树立正确的成才观	思想是行动的源泉，没有稳定的专业思想和较强的专业意识，很难搞好学习，也难以形成良好的学风。只有思想教育搞好了，学生树立了正确的学习目标，才有学习上的持久动力。因此，要大力加强学生思想教育，下决心"治本"，致力于解决学生的世界观、人生观、价值观等深层次问题，帮助学生树立正确的学习目标，端正学习观念和学习态度，使广大学生真正从思想上认识努力学习科学文化知识、掌握过硬专业技能的重要意义，从而以实际行动积极参加学校的学风建设活动
加强制度建设，对学生进行严格的科学管理	学校要依据教育方针和学校培养目标的要求，针对目前一些学生学习自觉性差、自制能力弱的情况，建立科学合理的规章制度，规范学生的行为。为使学生管理更加规范、科学，促进良好学风的形成，各级学生工作部门要认真研究学生工作的规律和特点，不断探索建设优良学风的新举措，在综合测评、素质达标、考勤考核、学籍管理等方面制定出适合各专业特点的制度或办法，并且组织实施，把学生的注意力和兴趣吸引到学习上来，为学风建设提供强有力的保障
深化教学改革，调动学生积极性	教学改革和学风建设相辅相成，相互促进。教学改革不深化，优良学风难以形成；学风建设搞不好，教改难以持续发展，甚至半途而废。因此，要深入进行教学内容和课程体系、教学方法和教学手段改革，一手抓教学改革，一手抓学风建设。同时加强师德师风建设，从严执教，以良好的教风来推动学风建设

类别	内容
重视学生在学风建设中的主体作用	学风建设涉及的学校领导、教师和广大学生，应该都是学风建设的主体。但学风更主要的是反映学生的求学精神和治学态度，因为学生既是学风的主要传承者和弘扬者，又是学风的建设者和得益者。学生内在的求学精神和动力是学生端正治学态度和成长成才的关键因素。重视学生在学风建设中的主体作用就是要加强对学生进行学风的教育，重视学生自我教育和自我管理，使他们自觉提升自身素质，是学校学风建设的内部动因。而要真正使学生形成正确的学习态度、学习动力、学习方法，产生科学的世界观、人生观、价值观，必须依靠他们自身的努力，因为他们才是促进自己进步和成长的内因。为此，在学校学风建设中，一定要抓好学生的自我教育、自我管理，创造条件让他们积极、主动地进行身心的锻炼和修养，自觉地参与到学风建设的各项工作中来，在参与过程中认识自我、挖掘自我、完善自我
优化学习环境，创建高雅的校园文化	加强学生素质教育尤其是人文素质教育是当前我国教育改革的重要内容，也是创建优良学风的重要组成部分。学校应克服困难，加强人文素质教育，确立以课程教学为中心，以各种校园文化活动为基础的人文教育格局。学校要经常组织文化科技活动，通过举办专家学术报告会、优秀学生论文汇报会、教育实习报告会等多种形式，丰富学生的课余文化生活。鼓励学生走出校园，参与社会调查、青年志愿者服务等社会实践活动，推动学生科学研究和科技创新，培养创新精神和实践能力，提高学生的综合素质，努力营造积极向上、健康有益的成才氛围，以促进优良学风的形成

（2）学校师德与教风建设要求

学校各门课程都有育人功能，所有教师都负有育人职责。广大教师要以高度负责的态度，率先垂范、言传身教，以良好的思想、道德、品质和人格给学生以潜移默化的影响，这既是教师师德修养的目标，又是教师教育活动中要遵循的行为准则，是学校师德建设的方向。

第一，学校师德的要求。在社会主义建设新的历史时期，师德体现了教师育人、教师群体与社会主义事业利益的一致性，具有鲜明的时代特征和新的内涵。在当代中国，教师职业道德规范要求主要有以下几个方面（表2-4）：

表 2-4 教师职业道德规范要求

类别	内容
依法执教	加强教育法治建设，全面推进依法执教，是教育改革和发展的客观要求，也是现代化教育发展的必然产物。正是在这种背景下，近年来，国家教育法律法规的完善和实施，要求国家机关以及有关机构严格按照法律规定，在其职权范围内从事有关教育的治理活动，要求各级各类学校、其他教育机构、社会组织和公民严格依照法律规定，从事办学活动、教育教学活动及其他有关教育的活动。对于教师而言，就是要依法执教。遵纪守法是社会向人们提出的基本要求，也是每个人在社会生活中必须履行的义务。教师从事的是培养社会主义建设人才的光荣事业，不仅要像每一个普通人一样，为了做好教书育人的工作，更要从当好社会主义精神文明建设者和传播者的高度，带头遵纪守法。另外，教师应当十分注重培养自己良好的法纪风貌，而且应当把这作为教育活动和日常生活中的一项基本的行为规范，严格要求，贯彻始终
爱岗敬业	教师劳动的最终目的是为社会培养和造就合格人才，为社会、为人类造福。在我们国家，教师肩负着培养社会主义建设者和接班人的历史使命，理所当然地要热爱教育事业，努力完成自己的神圣职责。任何一个人，只要选择了教师职业就要全身心投入，就要有为教育事业奋斗终生的信念，这不仅是社会对教师职业道德要求的基本原则，是调整教师与教师职业关系的道德要求，是社会主义集体主义道德原则在教师道德要求中的体现，也是一名教师做好教育工作的前提和思想基础，它直接影响和制约着教育活动中的其他关系，更影响着事关百年大计的教育教学质量。教师只有深刻地认识到、体会到自己所从事的工作是社会发展、人类进步不可缺少的一部分，才能树立坚定的事业心、荣誉感，才能发自内心地热爱教育事业，忠于教育事业，在工作岗位上尽心尽力、尽职尽责，并在这种默默而辛勤的劳动中升华自己的精神世界
热爱学生	教师的教育对象是学生，教师关心爱护学生，把爱奉献给每一个学生，有利于教育教学工作的顺利进行，也有利于激发学生的学习积极性，增强学生的信心，使其健康成长。教师对学生的爱，与一般人与人之间的爱有所不同，它既不是来源于血缘关系，也不是来源于教师的某种单纯的个人需求，而是来源于教师对教育事业的深刻理解和高度的责任感，来源于教师对教育对象的正确认识、满腔热情和无限的希望。热爱学生，是由教师教书育人的职业特点决定的。教师对学生的爱具有职业性、无私性、原则性和全面性的特点。从职业性看，教师对学生的爱是由从事的教育职业中产生的，是一种崇高的爱；从无私性看，教师通过辛勤劳动，把自己的知识、能力传授给学生，为社会培养德智体美等方面全面发展的人才；从原则性看，教师热爱学生不是溺爱，也不是迁就学生的错误，而是爱中有严，严中有爱，严慈相济；从全面性看，教师不仅要对每个学生在生活上关心，还要关心其全面成长，做到不偏爱，一视同仁
严谨治学	严谨治学是教书育人的需要。它要求教师以高度负责的态度对待教学工作，认真完成教学任务。同时，教师严谨治学本身就是对学生的无声教育，严谨治学的教师一定能带出大批勤奋好学的学生，所以教师在治学态度上特别要强调严密、谨慎

类别	内容
团结协作	现代教育是一种群体协调性很强的职业劳动，人才的培养需要教师与教师、教师与学校领导、教师与学生家长之间的真诚合作。团结协作是教育发展规律的要求。在我国古代，由于生产力和科学都不发达，教师的劳动多以个体的形式出现。在现代社会，人才培养是个综合工程，是多方面、多人合作的结果。一个学生从启蒙到成才，需要多个学科的教师，各学习阶段的学校、学校中各个部门的衔接，需要学生家长的密切配合形成教育的整体力量，这样才能把一无所知、一无所能的稚童培养成有用之才。现代教育特别需要教师具有群体意识，发扬协作精神。团结协作也是教师自我完善提高综合素质的良好途径。教师只有具备全面发展的素质，才不愧于教师的崇高称号。然而，教师自身素质的提高，仅仅依靠教师个人的勤奋和自律是远远不够的，只有在学校的环境和教师的群体中，通过教育过程和合作共事等途径，互相尊重、互相学习，才能取长补短，不断提高、完善自己
为人师表	教师之所以要为人师表，是由教师职业的特殊性和教师劳动的特点决定的。教育是以人格塑造人格的事业，教师的任务在于育人，不仅用自己的学识教人，而且更重要的是用自己的品格教人。不仅通过语言去传授知识，而且是用自己的人格感化教育学生。为此，教师无论何时何地都必须在思想品德、学识才能、言语习惯、生活方式和举止风度等方面"以身立教"，成为学生的表率。教师的职业劳动需要其在学生中享有很高的威信。教师的威信越高，其教育、教学的效果就越好

第二，教风建设的要求有以下几个方面（表2-5）。

表2-5　教风建设的要求

类别	内容
教师职业道德建设是个系统的社会工程	实施师德建设工程必须注重加强教师自身的学习与修养。21世纪的社会是智能社会和学习型社会，科学知识更新的速度越来越快，人的主体地位和作用将日益增大，社会活动将以人格的独立为前提，以创新精神为动力，以知识的丰富为基石。师德作为教师的行为规范，主要通过教师内心的信念起作用，主要依靠教师在师德修养过程中的自我意识和自我觉悟，一个师德高尚的教师必定是一个自觉进行师德修养的人。师德建设要求教师在实践中，注重自我学习、自我修炼、自我约束、自我调控。教师要自觉地学习政治理论，坚定理想信念，强化献身精神；学习教育理论，更新教育观念，遵循教育规律；学习专业知识，优化教学过程，提高教学效率；学习教育法规，增强法律意识，实施依法执教。只有教师的业务素质、业务能力提高了，学术事业开阔了，学术创新能力增强了，学术境界提高了，才能形成良好的师德、教风，才能达到师德建设的最终目的

类别	内容
实施师德建设工程要注重为教师学习和工作创造良好的环境	所谓教师职业道德环境是指影响教师职业道德意识、情感形成和发展，对教师职业行为的道德意义发生作用的一切外部因素的总和。学校的环境状况，对教师的价值取向、行为规范和道德风貌有直接影响。良好的制度环境和人文环境对教师而言，是一种潜移默化的教育，环境教育比思想道德理论灌输更具有感染力和渗透性，这种环境必须以稳定、开放、求实、发展为特征，必须具有一种勤奋、求实、敬业、创新的校风和蓬勃向上的进取精神，以及民主、平等、和谐、宽松、温馨的心理气氛。师德建设一定要从教师的工作和生活实际做起，时刻把教师的需要和冷暖放在心中。社会和学校要关心、理解、体贴教师，要把解决教师思想问题同解决实际问题结合起来，将思想道德建设寓于多做实事、好事的实际工作中，在全心全意为人民服务的工作中增强师德建设的感召力和影响力
实施师德建设工程必须注重制度建设	要进一步完善管理制度，建立科学有效、可操作的约束机制，以明确的政策导向，引导广大教师既重业务，又重品德修养，向又红又专的方向发展。当前政策导向的重点是要通过深化教学管理改革、科研管理改革、人事分配制度改革等，形成有利于教书育人、端正学术风气、规范学术行为的制度环境和良好氛围。要把师德建设工作列入学校工作的重要日程，有计划、有措施、有督促、有检查，不断深入推进。要建立和完善师德考评制度，奖优罚劣，把自律和他律结合起来，把激励和约束结合起来，促进广大教师对师德规范的积极认同和自觉遵守，使追求高尚师德蔚然成风。机制、制度、法治是对人进行制度塑造的三种主要形式，它们构成了一个系统，其中育人和用人是系统内的两个有机联系的阶段。育人为了用人，用人必须育人。在维护教师合法权益的基础上，要科学地制定用人制度，确保人力资源得到最大化的开发和利用，用"无情"的制度实施"有情"的教育，从而使人们的"素质"不断趋于优良化。机制既要有激励性又要有约束性，逐步实行双向选择，即学校按建设和发展需要招聘教师，教师按能力和意愿竞争上岗，从而使教师队伍充满生机和活力，使教师具备责任感和创造性，真正形成"岗位能上能下、待遇能高能低、人员能进能出"的动态管理机制

4. 校园文化建设的途径

（1）校园精神文化建设的途径

校园精神文化包括体现高中学校特色和精神的优良传统、校训校风、人文精神和科学精神等，它是师生员工精神的避风港和养分的补给所。它虽然看不见、摸不着，但是一旦形成，就建立起自身的行为准则、价值取向、生活习惯和规范体系。它可以通过各种文化仪式来引导群体成员的行为、心理，使其在潜移默化中接受共同的思想引导、情感熏陶、意志磨炼和人格塑造，产生一种巨大的向心力和凝聚力；对高中学校师生员工的思想和行为起约束作用，使他们自觉地正视道德冲突，解决道德困惑，明辨是非界限。它的形成、传播和发展，充满着创造活力和创新精神，能激励学生探索奥秘、增加求知的自觉性和解惑的主动性，促进学生创新能力的培养。学校校园精神文化建设的基本途径主要涉及以下方面。

第一，校风的文化建设。校风是全校师生员工共同努力，在长期教育管理中逐步形成的、相对稳定的精神状态和作风。它是道德情操、学习风尚、工作态度的综合反映。从校风体现形式上看，校风主要表现在校训、校歌、校徽和校旗上。优良的校风激励着教师为人师表、教书育人，也鞭策着学生勤奋学习、积极向上。

第二，教风的文化建设。教风是高中教师在长期教育实践活动中形成的教育教学的特点、作用和风格，是教师教育理念、道德品质、文化知识水平、教学技能等素质的综合表现。要抓好校风建设首先必须抓好教风建设（包括工作作风建设），因为学校是育人的场所，是人才的摇篮，而教师是人才的培养者，理应在"育人"（即管理育人、教书育人、服务育人）的过程中发挥主力军的作用，只有在干部职工中树立起实事求是、艰苦奋斗、勤政廉政、团结协作、高效严谨、服务周到、细心耐心的工作作风和在教师中树立起为人师表、教书育人、治学严谨、认真负责、耐心细致、开拓进取的教风，才能引导和促进勤奋学习、积极向上、严谨求实、尊师重教、遵纪守法、举止文明的优良学风的形成。总而言之，没有良好的工作作风和教风就难以形成良好的学风。

第三，学风的文化建设。学风是指学生集体在学习过程中表现出来的治学态度和方法，是学生在长期学习过程中形成的学习习惯、生活习惯、卫生习惯、行为习惯等方面的表现。优良学风像校风、教风一样，对学校教育教学质量的提高，对学生人格品质的发展和完善，对培养学生成为德、智、体、美、劳全面发展的接班人，都有重要意义。学风不仅受校风、教风的影响和制约，而且对校风、教风的形成起促进作用。优良的学风对学校教育教学质量的提高，对学生人格品质的发展和完善具有重要意义。

第四，学校人际关系的文化建设。学校人际关系包括学校领导之间的关系、学校领导与教职工之间的关系、教师之间的关系、教师与学生之间的关系、学生与学生之间的关系。良好的学校人际关系有助于广大师生员工密切合作，形成一个团结统一的集体，更好地发挥整体效应。

第五，第二课堂的文化建设。第二课堂在学校校园精神文化建设工作中起着特别重要的作用。学校对学生的培养教育主要是通过两大课堂同时进行的：第一课堂是进行教学活动，它对人才培养提出普遍性要求，解决的是共性问题；第二课堂是在教学计划之外组织学生开展的各种有意义的教育活动，主要包括政治性、学术性、知识性和娱乐性的活动。第二课堂的目的是发挥学生的特长，解决的是特殊性、个性的问题。第二课堂文化活动的实践作为一种特殊的教育渠道，能够达到第一课堂教学所无法代替的教育效果。丰富多彩的第二课堂文化活动，可以形成良好的环境氛围，有利于学生陶冶情操、开阔视野和丰富知识。

第六，网络文化的建设。学校要站在时代的高度，走在信息革命的前列，以敏锐的眼光认真研究、总结和把握网络文化的客观规律，充分利用网络这一载体，广泛传播文明，抵御不良影响，占领校园网络阵地。要让主题鲜明、丰富多彩的精神文化网站、网页成为校园多层次、立体化、综合性校园文化和教育体系的前沿阵地。网络有利于提高校园精神文化和思想政治教育的针对性、实效性和主动性，扩大覆盖面，增强影响力，并受到广大师生的欢迎。

（2）学校廉政文化建设的途径

廉政文化建设必须从学生的心理特点出发，紧紧围绕着学校的中心任务，紧密结合学校廉政建设的实际情况组织开展。既要坚持和发扬好传统的教育方式，巩固教育阵地；又要与时俱进，不断创造新的形式，寻求新的载体；既要全面持久，又要区别对待。同时，必须建立"大宣教"格局，整合各方面的资源，形成廉政文化建设的合力。

第一，教育载体的利用。要把廉政文化建设充分融入丰富的学校校园文化活动中。要充分利用好传统的媒体形式，即宣传栏、校报、校刊、校电视台、广播台等，大张旗鼓地宣传廉政的意义和先进人物的模范事迹。宣传栏主要用来张贴廉政教育图片和有关工作人员的廉政规定，公布案件查处情况；校报、校刊侧重于就一些廉政理论问题进行探讨，并就实践当中出现的问题进行制度和思想层面的剖析；校电视台、广播台要及时报道学校召开廉政会议、组织廉政宣传活动和廉政制度建设情况。

第二，科技媒介的利用。学校要遵循学校教育教学的规律和青年学生成长成才的规律，立足当前，着眼长远，因势利导，循序渐进，将教育的知识性、政治性、思想性寓于生动性和趣味性之中，增强教育的针对性、实效性，提高其吸引力和感染力，积极推进廉政文化。

第三，廉政文化建设良好的风气。学校应当发挥自身理论研究的优势，组织专家、学者广泛开展多层次、多角度的理论研讨活动，对廉政文化的理念、廉政文化的特点规律、廉政文化建设的方式，进行深入探讨，并且全面总结近年来学校廉政文化建设工作的经验，进一步提升廉政文化建设的理论含量，为廉政文化建设提供理论支撑、智力支持和思想保证。

总之，廉政文化建设意义重大、途径广泛、内容丰富、形式多样，我们只有认清形势，把握规律，在坚持传统的基础上不断开拓创新，各部门共同努力，才能使这项工作取得丰硕成果，为学校的人才培养和党风廉政建设，为我国和谐社会的建立与政治文明的实现做出应有的贡献。

二、课堂管理

课堂管理是为了创建和维持一种有利于学生学习和取得成就的课堂环境而进行的管理活动，"课堂管理的根本目的是创设良好的学习环境和条件，促进学生有效地学习"①。而高效课堂也被称为"理想课堂"，是高效型课堂、高效性课堂的简称。高效课堂集中体现了一种目标和追求。通常而言，那些能够取得较高的教学效率或教学效果、达到一定目标的课堂，即所谓的"高效课堂"。具体而言，以有效课堂为基础，对教学任务完成度更高、教学目标达成效率更高，并且发挥了更高的教育教学影响力、取得较高社会效益的课堂即为高效课堂，作为有效课堂的最高境界，高效课堂的起源基础为高效教学。

（一）课堂管理的要求

课堂管理的要求如图2-3所示。

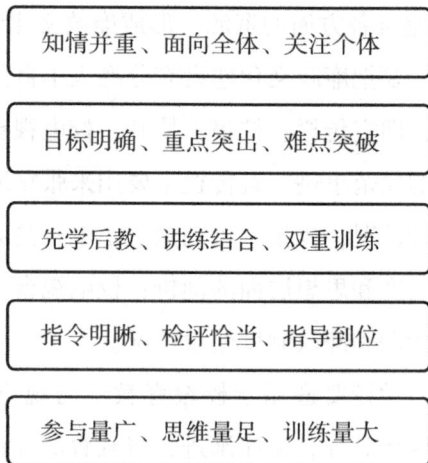

知情并重、面向全体、关注个体

目标明确、重点突出、难点突破

先学后教、讲练结合、双重训练

指令明晰、检评恰当、指导到位

参与量广、思维量足、训练量大

图2-3　课堂管理的要求

1. 知情并重、面向全体、关注个体

站在全局立场上来看，课堂教学既要有效地传递教学内容，又需要在情感层面促进师生的融洽，这就是所谓的"知情并重"。相对于信息交流，师生在教学过程中的情感交流更重要。在加深师生互信情感、优化学生学习情感方面，课堂教学应当发挥重要作用。而高效课堂形成的基本条件，就在于课堂上知识与情感的和谐统一。

所谓"面向全体"指的是教师在课堂上的教学意识与行为（如教学方式的设计、教学进度与难度、教学重难点、教学内容和教学目标等）要具有强烈的开放性，其教学对象为全体学生，这种全体意识要贯穿教学全过程。在教学过程中，教师依据对学生课堂表现

---

① 赵湘轶. 促进学生自主学习的课堂管理策略［J］. 当代教育科学，2006（15）：2.

的关注和对全体学生学习状态的观察，创设与全体学生个性发展目标相吻合的课堂机会，如表现机会、提问机会、表达机会、思考机会和阅读机会等，通过这种方式，使教师和同学的及时帮助、指导与激励能够服务于学生的课堂学习。因而，相较于面向个体的教学，教师应当将尽可能多的课堂时间投入对全体学生的教学过程中。

"关注个体"是相对于"关注全体"的一个概念，是指在保证关注全体大方向不变的情况下，要对教学活动中的独立个体予以高度关注。只有这样，才能准确把握学生在课堂教学中的阅读难度、听课与练习难度，从而进行针对性和有效性的指导与帮助，才能为"感悟课堂、体验课堂和表现课堂"的形成提供契机，才能坚定学生的学习自信心，为学习基础较为薄弱、学习能力劣势明显的学生创造提高成绩的平等机会，使师生之间情感层面的相互信赖得到进一步深化。

2. 目标明确、重点突出、难点突破

明确的目标是一种未来概念，即教师在完成教学设计和开展教学实践时的努力方向，同时也是其教学的最终目标。这里的目标既体现在知识层面，也体现在情感层面。为此，须妥善解决实施过程中的两大问题：第一，情感目标的设定方式和实现方式。第二，知识目标的确定方式和达成途径。"三化"（即分层化、书面化、简约化）是教学目标的理想状态，也就是说，教学目标展示的准确性要建立在口头表达的基础之上，并外化为文字；主要目标的实现需要集中主要力量进行有力的支持，同时，目标必须符合相应的简约化要求，与之相对应的次要目标的实现要充分利用课堂练习环节或其他更简洁的手段；目标的层次化为学生在学习目标的选择上提供了更多的可能性和自主权，与此同时，层次化目标的制定也奠定了分层教学的理论基础，更加有效地推动了因材施教和班级授课制的统一性、交互性。

"重点突出"是集中精力来解决一节课中的1~2个教学重点。

"难点突破"是突破教学过程中的知识难点和学生的学习难点，一方面它集中体现了课堂教学的价值；另一方面也有助于学生学习能力和学习效益的双重提高。

3. 先学后教、讲练结合、双重训练

先独立学习、后合作完成，先学生自学、后教师教学，先学生思考、后引导点拨等，都是"先学后教"的呈现方式，这里的"先学后教"特指课堂范围内的先学后教。对于教师是否具备教学经验来讲，是采用"先学后教"的方式，还是采用"先教后学"的方式，是非常重要的衡量标准，同时，也是确定一节课堂高效与否的重要判断标准之一。从本质上来讲，"先学后教"教学方式很大程度上体现了对学生教学主体地位的尊重，所以，依托于"先学后教"教学模式开展的课堂教学，才是民主性的真正体现。也就是说，无论

开展实验、完成练习、提出疑问、发现问题与改正问题，还是接受教师和学生的帮助、开展课堂阅读活动以及自主思考等，学生都有公平和透明化的权利。

"讲练结合"中的练是笔头训练和口头训练的合称，而"详尽地讲授与训练、分层次地教授以及使讲授和训练融会贯通"的课堂教学理想状态，即所谓的讲练结合。相对于"精讲多练"这种低效的教学方式，教师的最佳选择应为"精讲精练"，同时这也是有效促进师生减负、高效课堂实现的有力举措。一方面，"精讲精练、分段讲授、讲练结合"与"五官转换"相符合，因而对记忆理解的进一步强化具有重要的促进作用；另一方面，在"减负增效"方面取得了显著成果。

若想真正掌握某一类型问题的解决思路与方法，则至少需要经过两次以上相关问题的训练，这就是"双重训练"。换而言之，例题的存在及其解决思路与方法对应习题的强化训练，同时需要在课堂上有所体现。所以，练习题应当成为新课讲解、编写练习、课堂解题训练、记忆训练、思维训练等的呈现形式，只有这样，才能使学生的双重训练得到进一步的强化，使课堂教学一次通过率得到显著提高，才能减少学生接受重复教学所背负的压力。

4. 指令明晰、检评恰当、指导到位

"指令明晰"指的就是教师明确、清晰的课堂指令，其结果就是学生能够对单位时间内需要完成的任务，以及任务完成之后将得到教师怎样的检评了如指掌。

"检评恰当"就是教师对课堂活动的检查与评价恰如其分。具体而言，课堂教学中教师认真检查与恰当评价的内容主要涉及教学活动的各个环节、每位学生的个体行为、全班学生的总体表现等。

在课堂上，学生的学习是在教师快速、全员和全面的个体指导与互相指导下进行的，即被简称为"指导到位"。在学生力量的共同作用下，教师可以有效指导学生间的学习互助，同时为更多学生以小组形式（通常一个自然学习小组包括四个人）或个体形式的学习提供近距离、面对面的指导。满足任何一位学生的学习需求，并对其学习过程提供必要的、有效的指导，这是教师课堂责任的直接体现。

5. 参与量广、思维量足、训练量大

在课堂教学活动的参与总人数中，学生群体占据较高的比重，即为"参与量广"。而参与度在百分之百的课堂即为理想化的课堂。

在教学过程中，能够充分调动学生的思维积极性，能够充分保障和利用情境刺激参与思维活动的学生数量与思维质量，能够有效锻炼与提升学生的思维逻辑性、思维广阔性和思维敏捷性，即为"思维量足"。而确保这一目标的实现，需要做好各个方面的工作。首

先，学生的思维欲望能够通过教师创设的问题情境得到有效激发；其次，教师提出的问题既要为学生提供难易适中的思考空间，又要保障充分的思考价值。

而"训练量大"是指充分且有效地训练全体学生在教学教程中的口头、笔头、手与脑。确保经过教师的指导，即使是程度不同，学生也可以进行积极有效的课堂训练，并且相对于原有基础，都能够实现个性化的发展。在训练量大目标的实现上，教师对训练内容的精选至关重要；开展形式大多表现为书面练习、实验操作、口头练习等；分层教学策略的应用，能够对不同学生不同训练任务的完成发挥重要的指导和引导作用等。总之，训练量大的课堂，就是能够充分激发全体学生动口、动笔、动手、动脑积极性的课堂。

（二）课堂管理的特征

课堂管理的特征如图 2-4 所示。

以规范具体的教学目标为导向

以学生终身发展的教学理念为指导

以多元的学习方式为中介

以扎实的教学内容为载体

以科学的教学组织为保障

以积极的课堂气氛为依托

图 2-4　课堂管理的特征

1. 以规范具体的教学目标为导向

对于高中课堂教学而言，明确的教学目标具有重要的方向指导作用。而明确教学目标，就是课堂教学要坚持以实现学生的全面发展与进步为目标，不断规范化和具体化课堂教学的各个环节。具体来讲，教学目标需要满足四个维度的要求：①行为主体是学生；②要确定可评价、可测量、明确而具体的行为；③行为条件，即对影响学生学习结果产生的特定的限制或范围予以关注；④提供依据供评价参考，注意学生预期达到的最低表现水准。

而具体化的课堂教学目标也有两个维度的内容：一是细化的课堂教学目标，即要对认知领域、情感态度领域、动作技能领域等各个方面提出具体的各项要求；二是针对不同类型的学生制定与之相适应的课堂教学目标标准，要以不同的内容来要求学生的能力与特长等。

2. 以学生终身发展的教学理念为指导

从教学理念的角度来看，高中课堂教学需要始终围绕奠定学生终身发展基础、促进学生终身发展目标的核心来进行。立足学生的未来发展，课堂教学的首要任务和目标在于激发学生的学习热情，使学生热爱学习；在于使学生掌握学习的正确方法，使学生学会学习。

3. 以多元的学习方式为中介

实现"教而获知"向"学而获知"的过程转变，需要课堂教学对学生的学习方式加以转变，使学生能够以一种更加积极、主动的状态投入课堂教学中。而实现学生学习方式由被动向主动、由"要我学"向"我要学"的转变，可采取的学习方式主要包括探究学习、自主学习、合作学习等。其中，自主学习的基础是学生自我意识的发展，即能学；是学生明确的学习动机，即想学；是学生对一定学习策略的掌握，即会学；更是学生个人的意志和努力，即坚持学。由此可知，只有学生内心能够真切地想要学习，才能在任何一种学习方式的选择和应用过程中，以积极认真的学习态度、思维严谨的学习状态努力实现学习目标，进而实现课堂教学所追求的最终目标。

4. 以扎实的教学内容为载体

教学内容作为学生通过课堂教学实现全面发展的重要载体，其扎实性对课堂教学具有重要的作用。但是，教学内容数量的多寡和难易程度并不对课堂教学构成决定作用，而是要基于对学生实际发展水平和特征的了解，来合理确定教学内容的重点。除了是基础内容中最主要的内容，教材中的重点内容还承载着对各学科系统知识承上启下的作用。这也就意味着，在高中课堂教学过程中，教师必须具备较强的重点抓取能力、突出能力和集中力量讲明白问题的能力。所以，在落实教学重点上，教师要突出讲课方式上的"精讲精练"，使学生同时获得基础知识的增长和基本技能的熟练与发展。

5. 以科学的教学组织为保障

对于课堂教学而言，科学的教学组织发挥着重要的润滑作用。具体来讲，科学的教学组织主要表现在以下几个方面：教师在教学和学习活动组织上能够做到井然有序，在教学讲授和辅导，以及学生思考和参与的时间上能够做到合理科学，能够激发学生的学习兴趣，使其始终对教学内容保持一种专注的学习状态，能够对学生的疑虑进行解答，能够对教学过程中出现的突发问题做到及时有效的处理，能够有效管理课堂秩序，确保课堂教学能够不被打扰、持续进展，从而为教学计划按部就班地执行提供有力保障。

6. 以积极的课堂气氛为依托

作为一种综合的心理状态，课堂氛围是师生多种心理因素（如心理定式、意志、情绪、思维、注意和知觉等）综合作用的结果和产物。从类型划分角度来讲，课堂气氛有积极、消极和对抗之分。其中，对学生而言，作为一种无声教育，和谐正面的课堂氛围为学生以较好的学习状态投入学习活动提供了有力的环境保障；反过来讲，学生积极、主动和富有创造性的学习状态也将为学生在公开、透明、和谐、良性课堂氛围中的主动学习、合作学习和探究学习发挥重要的基础作用。同时，这也将成为课堂教学效果和学生全面发展的重要保障。具体来讲，张弛有度的教学节奏、开放宽松的学习氛围、和谐融洽的师生交往等都是积极课堂气氛的直接体现。

第三节　教师管理与学生培养

一、教师管理

教师的概念有广义和狭义之分，广义的教师是指在教育活动中施加影响的人，凡是增加他人技能、影响他人思想品德的人都可以被称为教师，他们既可以是家庭中的父母，也可以是社会中的师傅或者其他人；狭义的教师主要是指以学校为其活动背景，接受社会的一定委托，受过专门的教育和训练，对学校中的学生身心施加影响的人。本节所讨论的教师，一般是指狭义的教师，即学校中的教师。

（一）教师的角色管理

教师的角色往往是由时代背景决定的，随着知识经济时代的到来和科技突飞猛进的发展，基础教育改革力度空前，新课程改革是对这种改革力度的最大回应。在这种大背景下，教师仅仅作为知识传递者的教育理念遭到了前所未有的质疑和挑战，同时让教师走出传统的知识传递者，走向研究者的呼声也越来越高。对于高中教师而言，其所面对的学生的身心发展与小学生相比有明显的差异，对学生既要树立榜样，又要当好朋友。因此，在知识经济时代、信息化社会、新课程改革与学生身心发展特征这几个因素的影响下，高中教师需要对自身角色进行重新定位，并做好在传统角色基础上进行转型的准备。

1. 教育者角色

教师的教育者角色是教师角色特征中的核心特征，是所有角色中最突出的。教师在掌握了人类社会长期积累的社会实践所获得的知识和技能的基础上，依据学生的身心发展特征，对知识进行精心选择、加工和整理，帮助学生在短时间内高效率地掌握知识。当学生在学习过程中遇到问题和困难的时候，教师还要及时地答疑解惑，激发学生探索问题的潜力，培养学生的学习能力，这就要求教师具备扎实的理论基础和学科素养。

教师应精通自己所教科目据以建立的科学，热爱它，并了解它的发展情况——最新的发现、正在进行的研究以及最近取得的成果。

2. 组织与管理者角色

教师在承担教学的本职工作的同时，还要承担对班级的组织与管理工作。班级是一个由学生所组织的生活世界。班级承载着学生在学校中的日常生活，学生在班级中不断发展着自己的社会性和个性。同时，班级作为学校组织中的基层组织，是学校的有机组成部分，它服从于学校的目标与规范，它的活动要为实现学校规定的目标任务而服务。所以，教师面对的不仅仅是单独的学生个体，而且更多的是由学生个体组织的班级群体，即班级。

教师对班级的管理是多方面的，包括确定班级的教育教学目标、建立和培养学生班集体、制定和执行班级规章制度、维持班级日常纪律、组织开展班级活动、协调班级人际关系等，还要对教育教学活动进行评价与检查。

3. 榜样角色

教师是社会行为规范的代表，其一言一行都是学生学习的榜样。学生对社会有了自己敏锐的洞察，生理上也获得了完成大多数成年人任务的能量，但涉世未深、看问题片面以及激动冒进的缺点也同时存在。因此，教师就要扮演好榜样的角色，让学生顺利度过青春的躁动期与逆反期。

教师的职务是用自己的榜样教育学生，"学高为师，身正为范"就表明了教师的楷模典范作用对学生的身心会产生巨大的影响。"其身正，不令而行；其身不正，虽令不从"。无论教师的学识如何渊博，如果教师不能向学生展示正确的社会行为规范，甚至做出违背社会道德的一些行为，便会降低教师在学生心目中的榜样力量，破坏教师的权威。同时，学生由于个体意识不断发展，独立性增强，对于父母的依赖开始减弱，更多的是与从教师和同辈群体中交流中获得支持与肯定。教师的言论、行动和为人处世的态度，对学生具有耳濡目染、潜移默化的影响作用。

4. 朋友角色

学生常常把教师视为自己的朋友，希望得到教师在学习、生活、人生等多方面的指导，希望教师表现出对自己的喜爱、友好、理解和宽容，并能够给予积极的心理支持，分享自己的快乐与痛苦、幸福与忧愁。教师应当成为学生的朋友，深入他们的兴趣中去，与他们同欢乐、共忧伤，忘记自己是教师。这样，学生才会向教师敞开他的心灵。

教师要扮演学生的朋友，不仅要树立正确的学生观，在教育过程中注意倾听学生的心声，同时还要掌握一定的教育心理学和德育方面的知识，利用科学的知识来解决学生在学习、人际交往、职业规划等方面遇到的问题。

（二）教师的职业特点

第一，生命性。教师教学过程就是教师的生命绵延过程，就是教师生命创造的过程，就是教师不断超越自我的过程。因此，教师专业化本质上是一种依靠生命冲动、自组织不断体验和不断超越自我的生命过程。教师教学历程中这种自我的生命过程，主要表现为教师生命的进化、发展和完善的过程。教师教学过程亦是其生命本能的解放，教师职业劳动的解放，是教师生命本身的消遣和自由本身的表现，是快乐原则的充分体现。

第二，长效性。教师要按照社会的要求把学生培养成社会所需要的人，从人的整体发展来看，这是一个漫长的周期，而且从某一具体、局部的身心特点的发展变化来看，也需要花费较长的时间，其中还不可避免地会出现反复纠正的过程。教师对学生所产生的影响往往持续一生，教师的教育效果在当时不一定能立即显露出来，往往在接受高一级的教育过程甚至在工作岗位中才能得到充分的体现。教师不是因为辉煌或卓越的成就才令人刻骨铭心，而是因为他们日复一日忠实地履行自己的职责，心平气和地谈话、简单地鼓励和巧妙地授课，正是这些使得学生获得了学业上的成绩、个人的自尊和对学习的热爱。

（三）教师的培养策略

1. 增强对教师培养工作的重视程度

各学校需要加强对年轻教师的培养工作，使其充分成为学校教育教学的中坚力量。学校中一些有丰富教学经验的教师虽然已经从事教育多年，但是其知识结构及教育理念均难以跟上时代的发展，而且无法融入当前较新的教育理念，无法满足现代教育的发展需求。而年轻教师接受了现代教育，能够更快地接受新鲜事物，掌握了一些新型的教育理论，并能够对教学方法进行钻研。

2. 针对教师营造良好的教研氛围

在对高中年轻教师的培养过程中，学校应该加强对教研工作的重视程度，积极鼓励全校教师参与到教研活动中，并由学校的领导带头开展指导工作，协助年轻教师开展教研活动。通过教研活动，让资历深、经验丰富的教师帮助年轻教师积累教学经验。同时，也能在年轻教师的引领下，让其所掌握的现代教育理念为学校教学提供参考，从整体上提升教学质量。学校应该鼓励年轻教师以多元化的形式参与到各种教学实践中，并将其教研成果融入教学实践进行验证。

二、学生培养

学生作为教育活动中的教育对象，既是教育活动的参与者，又是教育活动的成果体现者。作为教师，只有深入了解学生的本质属性和身心特点，才能选择合适的教育方法，更好地完成教育教学任务。教育活动的成效取决于教师与学生双方合作的结果，离开任何一方，都是不完整的教育。

充分认识学生也是以人为本"尊重学生"教育理念的充分体现。教育应该以人的发展为出发点和基石，教育要考虑到学生发展的需要，遵循学生身心发展特点和发展规律，设计的课程要适合学生的学习风格，在教学过程中以学生为主体，尊重学生的人格，实现学生全面和谐发展。

（一）学生的角色定位

1. 学生的全面发展

学生的发展是人生发展最为明显的时期，身体和心理都会发生翻天覆地的变化，发展的速度、广度和深度会达到前所未有的水平。学生的发展是全面而完整的，不仅体现在认识、情感等精神因素，也体现在身体方面的生理因素；不仅表现个体自我意识的发展，也表现在个体与社会互动进而实现社会性的发展。总之，学生的发展是全方位的发展，是德、智、体、美、劳多方面的和谐发展。

2. 学生的主观能动性

学生具有主观能动性，他们并不是消极被动地接受教育影响，而是学习的主体，能自觉地参与到教育过程中去，与教师积极地互动。人类从出生伊始就借助自己先天拥有的有吸收力的心理，开始主动探索周围的世界。如果使学生习惯于简单地接受或被动地工作，任何方法都是坏的；如果能激发学生的主动性，任何方法都是好的。

所以教师一定要给予学生充分的尊重，让学生充分地与各种环境相互作用，自由、独立、创造性地在各种活动中发展；同时，教师还要尽可能地为学生提供体验、对话、操作、交往的机会与环境，让学生的主体性在丰富的环境刺激下获得最大限度的发展。

3. 以学习为主要任务

学生大部分的时间都是在学校中度过的，学习是他们的主要任务。学校教育是一种有目的、有计划、有组织地培养人的社会活动。它是以具有迅速发展可能性和发展需要的学生为活动对象，由教师按照一定的教育目的，选择教育内容，采用一定的教育方法与手段展开活动对学生施加影响，以引起学生身心发展的变化。

学生的学习是在教师指导下进行的规范化学习，教师在对学生进行指导的同时，还要培养学生独立、自主的发展意识与能力，发展学生自我教育的能力。

4. 具有明显的差异性

学生发展是具有一定的基本规律的，也会表现出一些共同的特点，但更应该看到具体的学生是丰富多彩的，因此也是富有差异性的存在。正如世界上没有两片完全相同的树叶一样，由于遗传、环境、教育等多方面的影响，每个学生身心发展的速度和水平都是不同的。学生之间具有明显的差异性，他们之间的共性其实是从差异性中表现和归纳出来的。

教育要尊重学生的个体差异，重视个别化教育，坚持以多元的观点看待学生，认识到每个学生的优秀之处和不足之处，发现每个学生的独特之处和闪光点。教师不能以统一的标准来衡量所有的学生，要避免陷入以偏概全的陷阱。

（二）学生的权利与保障

学生的权利是指学生依照国家法律法规拥有的一切正当权利，按照传统的观点，成人眼里的学生就是缺乏独立性和存在性的未成年，处于从属和依附的地位，学生要对父母和教师绝对服从，从而导致整个社会侵害学生权利的现象频频发生，未成年的学生成为学校中的"弱势群体"。在不断推进依法治国和依法从教的今天，学生已成为权利的主体，是具有独立的社会地位、人格平等的个体，依法享有各项权利。

第一，生存权利。生存权是学生最基本的权利，首要含义是生命安全，包括生命健康和其他人身权利；其次是指人的生活条件得到保障和生活质量得到提高，包括足够的食物、营养、清洁的饮用水、衣服、住所、医疗保健及其他生活保障。健康的身体是学生生存和发展的基础。

第二，受教育权。受教育权是中国公民拥有的一项重要权利，是学生身心得以全面和谐发展、不断认识到自己是行使权利主体的基本途径。

第三，保障学生权利。保障学生权利，要做好三个方面的工作：一是从法律的角度予以重视，对此目前我国的迫切任务更多地应该放在执法上；二是制度设计是保障学生受教育权平等的根基，有必要对现有制度中不公平并导致学生受教育权不平等的规定进行修正，使学生不因家庭出身等因素而导致接受教育的不平等，在制度上保证每个学生能够平等地享有自己的受教育权；三是保障学生的权利，还要尊重学生。把学生看作积极主动的权利主体，这是学生权利保护的归宿；要充分肯定学生的主体性，发挥学生的参与权，在班级管理、教学内容方法选择、教学过程组织、班级活动开展等方面赋予学生一定的权利，听取学生的意愿和建议，提供给学生发表看法、表现能力的机会与条件。

第三章 高中美育教学管理创新

第一节　美育理论与课程建设

一、美育理论

（一）美育的认知

美育的任务是传授美学知识，培养学生的审美观念以及感知美、鉴赏美、创造美的能力。培养途径就是音乐、美术课程教学，授课内容包括自然美、社会美和艺术美，从而为学生奠定一个良好的审美基础。

美育隶属于素质教育的一个层面，然而，审美素质则属于综合性素质，它涵盖了时下情感教学中的理性和感性层面，有着独一无二的特殊地位。人文素质教育的根本是对学生三观的树立，让其拥有一个健全的人格，审美素质的存在则是通过美学来启发学生，如"以美启真""以美储善""以美怡情"。由此可见，美育是学生思想意识和行为意识的架构塑造，有利于学生德、智、体、美、劳全面发展，促进学生自主去发现世界的美与真，遵守社会道德规范。美学可以借助对学习精神层次的培养，通过美学作品不断感染学生，让其有一个审美意识，可以去发现美、感受美，进而发掘、提升他们的审美能力。

美育是素质教育发展的必经之路，现在的美学教育并非单纯的艺术、情感教学，而是融合了多元素的综合教学。它可以提高学生思想，发展学生道德情操；丰富学生美学知识，发展学生智力；同时，还可以增进人们的身心健康，提高学生的身体素质。另外，美育主要通过作品，强化学生脑海中对美的印象，感染学生，引起学生的共鸣。此种美学教育方式，是传统填鸭式教学无法企及或者说传统教学达不到的。与此同时，现代的美学教育也从审美观、欣赏美和创造美的能力等逐渐过渡到人生的美学趣味和教育的审美境界。

美育教学的基础是人格的塑造，要让学生在三观养成初期，有一个正确的世界观、人生观和价值观。因此，对学生进行美学教育不仅是提升学生的审美，也能对学生今后的成长产生重要意义。美学教育可以让学生从内而外、自发地接受美的熏陶，获得美学知识，抵消不良思想对其思想意识的侵害，最终使受教育的人人格趋向真诚、善良、美好。

1. 美育的目标追求

（1）"自由而全面发展"的人

从人的生存本质而言，人是自然存在物，是自然界客观存在的有机生物，自然界一切生物的生存法则适用于人的生存。但是，人又具有特殊的生存本质，人可以自由地思考，可以自主地活动，可以自觉地行动，通过有意识、有目的的实践活动来认识世界和改造世界。人所具备的主观能动性，使人具有了社会属性，这就使人的生存从根本上区别于动物。因此，自由、自主、自觉成为人生存和发展的本质属性。从人的存在价值而言，自由解放和全面发展是人所追求的根本价值。

随着人类社会实践活动的历史推进，人认识世界和改造世界的能力不断增强，逐渐对人的存在价值、人的意义世界、人的发展本质等一系列问题进行了解读和阐释，人类认识到人的本真是自由的、人的发展是全面的，人对自我的发展定位日益明确，自由解放和全面发展成为人所追求的根本价值。

美育是人类最为重要的教育实践活动之一，必然以人类社会发展的终极目标和最高价值为根本依据，因而，培养自由而全面的人成为美育的旨归。通过美育培育人的审美意识和审美能力，让人能更好地去认识美、发现美、鉴赏美、创造美，激发人对美好事物的向往和憧憬，净化人的心灵世界，以"美"为尺度，自由畅想、自由享受、自由创造，使人真正回归"自由"的本真，构建理想的"精神家园"。同时，审美素养作为一个人综合素质的重要体现，是人全面发展不可或缺的重要因素。通过美育，人的审美素养才能得以有效提升，才能真正地促进人的全面发展。所以，美育又是实现人的自由而全面发展的基本途径和必由之路。

（2）"情理交融"的人

感性和理性的交织是人类认识世界的独特之处，感性是直观的、个体的、偶然的、心理的，理性则是深层的、人类的、历史的、必然的。感性往往都是通过直观感受和感官知觉来获得。理性的获得主要有两种方式：一是通过实践操作对后天经验的总结概括，即"经验合理性"；二是通过逻辑推理对事物规律的归纳提升，即"普遍必然性"。理性认知是人类的文化、文明和人的思想发展的源泉和动力。因此，"情理交融"的人应当是人类所要追求的"理想之人"。"美"离不开"情"，真正的美往往都是饱含真情实感能够焕发人的内心情感自然流露的"美"。美育可以促使人对"美"的深情追求和热情渴望，通过审美使人感受美之情，领悟美之理，用情感熏染认知，用丰富、活力的感性弥补单调、压抑的理性，由情入理，寄理于情，情理交融，真正实现感性和理性的融合。因此，塑造情理交融的人不仅成为美育所肩负的重要使命,更是美育的旨归。

2. 学生美育的特性

学生是美育的主要重点对象,故了解美育对象是探索所有学校的审美活动的前提,也就是了解学生的审美心理特点。学生对实际生活的创建、观赏、领悟、观照的过程中,对和自己特征、观念相一致的特点、情境、事物、现象等所产生的心理协调、情感共鸣,称为审美。这是有意识、有目的的社会追求,也是生理、心理的本能需求,它展示了学生所特有的审美心理特征,同时,拥有审美的喜悦感。学生美育的特性主要有以下几个方面(图3-1)。

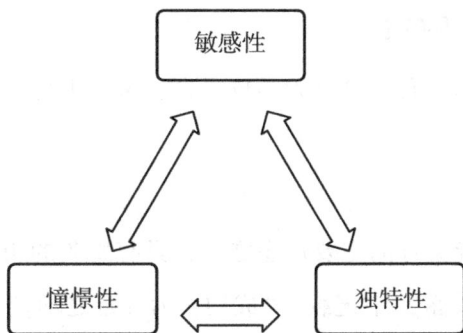

图 3-1 学生美育的特性

(1) 敏感性

学生所处时期是大脑细胞创建关联的时期,被教育训练后,尤其是专业课的练习,会导致大脑皮层细胞的数目快速增长,发育状况也表现出"飞跃"的形态,具体体现在听觉、视觉的高度敏锐,这就能让学生在层出不穷、广泛存在的事物中快速感受到美好的景象。同时,学生的内分泌增长,会增加他们的情绪感,使他们易激动,对于外面的感官撩拨,经常会产生快速的响应。对于高中生而言,所有普通的人文景色皆弥漫着朝气,能够让他们悠然自得,形成美感。因为学生认知能力的提升,故他们经常喜欢通过事物的外在形式,进而体会到生命的道理,这使得学生的审美敏感性再次被巩固。

学生对新鲜事物的好奇感是审美意识敏感性的关键体现。学生不只对美的对象方面有好奇感,同时,他们对所有的事物都有好奇感。好奇感是来之不易的。好奇感被需要于科学的察觉,并且还被需要于美的创建。从古至今,就是因为好奇感的促使,使得越来越多的学生坚决地去处理问题、探讨问题,对人类创建美好生活付出了一分力。

(2) 独特性

学生充裕的想象力、果敢的探索精神、浓烈的自我意识,决定了其审美的特殊性。在学生步入高中之后,随着自主思考能力的不断提升、自尊心的加强,他们对待身边的一切都有着自己的观点,会勇敢表达自己的想法,会探寻现有解决方法,当自我思想取得别人的欣赏、支持时，就会斗志昂扬地将思想付诸实践。在学生中，这种想法的自主性，体现在审美活动中，即是学生审美的独特性。

（3）憧憬性

学生对未来性、未知性的热情、渴望，体现了审美的憧憬性。因此，学生如果在审美实践中，因为其风险性而畏缩不前，他们就很难体会因为努力奋发而取得的那种念念不忘的审美感受。

（二）中国传统美育的形态与特征

1. 中国传统美育的主要形态

中国传统美育就其形态来看，可分为学校美育、家庭美育、社会美育、自然美育四种类型。

（1）学校美育

学校美育作为中国传统美育的主要形态之一，具有悠久的历史。成均，相传是五帝时的大学，董仲舒在《春秋繁露》中记载："成均，为五帝之学。"董仲舒曰："五帝名大学曰成均。"此语见于《礼记·文王世子》郑玄注；又《周礼·春官下》郑玄注："董仲舒曰：成均，五帝之学。"可见"成均"可认为是中国最古老的学校。国家产生之后，"成均"成为天子之学的中心场所，目的在于培养有德有仪的统治者，由此也可看出我国学校教育具有悠久的历史。随着社会的发展，夏、商、周而后学校制度日益完备，而学校美育的分科也日益细密，礼、乐、书、射、御、数六艺无不贯穿着美育的内容。

《周礼·春官宗伯》记载："大司乐掌成均之法，以治建国之学政，而合国之子弟焉。凡有道者，有德者，使教焉，死则以为乐祖，祭于瞽宗。以乐德教国子，中、和、祗、庸、孝、友。以乐语教国子，兴、道、讽、诵、言、语。以乐舞教国子，舞《云门》《大卷》《大咸》《大韶》《大夏》《大濩》《大武》。"周代对贵族子弟的学校教育由大司乐机构掌管，据郑玄《周礼》"大司乐"条所注："均，调也。乐师主调其音，大司乐主受此成事已调之乐。""成均"为天子所设之大学，教学内容以礼乐为重，射御次之，很大程度上是从培养"令仪""威仪"出发。大司乐、乐师及大师教子弟们舞蹈、歌唱、奏乐、行礼、诵诗、射御，其教育内容及其方式既是道德教育，也是审美教育。"乐师掌国学之政，以教国子小舞……教乐仪，行以《肆夏》，趋以《采荠》。车亦如之，环拜以钟鼓为节……大师掌六律六同，以合阴阳之声……皆文之以五声，宫、商、角、徵、羽。皆播之以八音，金、石、土、革、丝、木、匏、竹。教六诗：曰风，曰赋，曰比，曰兴，曰雅，曰颂。以六德为之本，以六律为之音。"这里所教授的内容，既包含乐德、乐语、乐舞、乐歌，还包含乐仪，很明显是把礼的义理、规范，寓于音乐舞蹈和吟诵行礼这些艺术活动的开展和演示之中。由此可见，美育在学校教育的产生伊始便占有很重要的地位。

（2）家庭美育

家庭美育是指在家庭之间和家族内部开展的美育，它不仅是家庭教育的组成部分，还是学校美育、社会美育的前奏和补充。家庭教育的主要内容是以孝悌为中心的伦理观念、以诚信为中心的品德教化、以谦恭为中心的处世哲学以及以坚韧为中心的成才理想，在方法上强调父母的威严和言传身教的引导。

中国古代家庭美育随同家庭、家族及其家教的发生而发生。在氏族公社时期，当母系家族逐步解体形成了以父系家长制为核心的个体家庭以后，家庭美育就随之逐步萌生。其时人类原始审美意识和原始形态的艺术已经发生，这些家族、家庭在举行庆典等活动时，常伴以歌、乐、舞活动，陈以带有装饰性、审美性的石器、骨器、陶器等器具，并注重服饰、举止、礼仪的美化，这些活动既是礼仪活动，同时也是非自觉的家庭、家族美育过程。

到五帝时代，部落或部落联盟的首领成了"显贵"，他们开始自觉注重家学、家教。舜接帝位后，推行"父义、母慈、兄友、弟恭、子孝"的"五常"之教，可谓中国最早见诸文字记载的家庭伦理教育和家庭伦理美育。

西周时代，家庭美育有了新的发展，据《礼记·学记》记载其时已"家有塾"。春秋战国时期，国学衰废，私学崛起，家塾、家教和家庭美育也随之占据重要的地位。诸侯公室颇重家教，他们仿效周王室，也办起家学教育，内容为"六艺"，尤以礼、乐、诗、书为"大教"。其时民间也重"家业世传"，士、农、工、商所掌握的产业、文化、知识、技能都在父子、兄弟之间传授，如管仲所说"少而习焉，其心安焉，不见异物而迁焉。是故其父兄之教不肃而成，其子弟之学不劳而能"（《国语·齐语》）。

美育也在家庭内部展开，如孔子就十分重视对其子孔鲤的家庭美育。汉代以后，童蒙教育、家庭美育渐趋成熟，以家庭为单元的"家馆"和私人所设的"书馆"遍布各地。汉代许多文学家、艺术家、史学家、政治家都有深厚的家学渊源，司马迁、班固都是幼承父业，均成一代史家。汉唐至明清的家庭美育大致有其相沿成习的固定方法，即主要通过文学艺术鉴赏、自然风光和日常生活进行美的熏陶。三国曹魏、曹操、曹丕、曹植父子兄弟，南朝梁萧衍、萧统、萧纲、萧绎父子兄弟，北宋苏洵、苏轼、苏辙父子兄弟，明代袁宗道、袁宏道、袁中道兄弟等均以文学齐名，这些都是家庭美育的硕果。

总体而言，中国传统的家庭美育主要有四种方式：①习字，书仪。②蒙书，为儿童启蒙教材。③经史子集，家教、家庭美育除习字、蒙书外，几年后，还教以经史子集；④通过家诫、家训、家书传递家风。例如《颜氏家训》《朱子家训》《曾国藩家书》等家训家书，对子孙后代的人格塑造和性情培养都起到至关重要的作用。

（3）社会美育

社会美育是关于社会生活美的教育，主要包括形体美、情操美、修养美、性格美、人际关系美、物质产品美、文物古迹美等。每个人都生活在一定的社会环境中，家庭、学校从本质上来看也属于社会的一部分。人生活在社会这一大环境，社会通过公共设施、自然环境、风俗习惯、人际交往等各个方面影响人。因此，社会美育的内容和涵盖面远比家庭美育和学校美育更为宽泛。

古代社会美育并非与社会观念、社会制度、社会教育同时发生的，而是社会意识、教育掺和、融进审美意识、审美教育的产物。在旧石器时代末和新石器时代，随着社会物质生产、社会生活结构、文化结构的发展和人的审美意识的逐步形成，社会美育才逐渐萌生。在原始活动中，社会美育既贯穿着生产、生活知识教育，又贯穿着团结人群的原始伦理美育。到西周尤其是春秋战国以后，由于社会物质文明、精神文明的发展，伦理—政治型文化范式的确立，许多教育家、美育思想家的理性思考、教育实践，使社会美育日趋伦理化、系统化。中国传统的社会美育主要有以下特点。

第一，在社会美育的途径上，民俗具有重要作用。民俗是指民众的风俗习惯。民俗与社会的政治、经济生活直接相关，反映着一个时代民众最基本的理想、情趣与生活习惯，并且在岁月的沉淀中也凝聚成不同的审美文化内涵，以口耳相传、行为示范、相互影响等方式散布和传承。民俗文化有着较高的审美价值。承载民俗的各种物质形式凝聚着千百年来人们对美好生活的想象和设计，如饮食、服饰、居处与园林、婚俗、节俗；各种娱乐活动的发明，都源于人类集体智慧的创造，体现出先辈高超的创作技巧，如六朝时流行的民间游戏，有荡秋千、骑竹马、蹴鞠、藏钩、斗草、斗鸡、斗鸭等。这些游戏既训练了手的灵活性和动作的敏捷性，也锻炼了人的观察力和判断力，深受人们喜欢。这些民间群体参与的游戏，不仅丰富了人们的日常生活，使人们心情愉悦、放松，而且使人在游戏娱乐中不知不觉得到美的熏陶。又如服饰，从不同民族、不同时代的服饰演变中，可以明显反映出不同的民族特色，不同时代的审美风尚，可见人们对服饰的需求早已脱离遮蔽和保护身体、御寒保温的实用性，而越来越重视其美化和装饰的作用；同时不同民族的服饰也是各自民族身份的象征，在重大节庆日穿上隆重的民族服饰，本身就带有浓厚的审美教育意义。

第二，在社会美育的内容上，社会美育强调以社会生活之美、道德精神之美教育人。例如，传统节庆作为一种高度浓缩中华文化精神的强大载体，将中华文化的一些传统美德寓于其中，以直接或间接的方式体现着人文关怀，因此其中蕴含着丰富的道德精神之美。虽然德育侧重的是对受教育者思想、政治和道德等方面的教育，而美育是培养受教育者的审美和创造美的能力，但我们在进行品德教育的同时也在教育人们欣赏美、创造美，培养美好的心灵。人们通过传统节庆接受品德教育，实现品德目标，进而培养出审美心灵和审美能力，在品德上成为一个懂得美的人，在审美感受上提升审美素养，从而追求人生的美学趣味和审美境界。中国人的节庆也往往伴随着耕种或收获的起始。人们在春播秋收时饱含着对自然的爱来进行着一系列的生产活动，这体现了人与天、人与地、人与自然的和谐共处。在传统节庆时期，美是无时无刻不在的，春节时各家各户都在节庆活动中得到身心的愉悦和享受。节庆期间，人们穿上自己崭新的漂亮衣服走街串巷；每家每户都例行大扫除，整个天地都焕然一新，更美的享受还有民间歌舞、手工、美食等，各式各样、琳琅满目，所有物品都有着独特的审美趣味。在节庆时期人们的审美受到潜移默化的熏陶，从而提升了审美能力，渲染了美的氛围。通过节庆活动开展审美教育，可以提升民众的生活情趣，培养他们对美的感知能力。传统节庆文化随着社会的发展，其形式和蕴藏的内涵也越来越丰富。为了适应当前文化发展的需要，传统节庆习俗进行了改变和整合，使得其内在的教育价值和文化价值获得了提升，由此传统节庆文化蕴含的教育功能也得到了充分的展现。

另外，社会美育的最高境界是以社会理想、审美理想实施美育。如《礼记·礼运》所述："大道之行也，天下为公，选贤与能，讲信修睦。故人不独亲其亲，不独子其子。使老有所终，壮有所用，幼有所长，矜寡孤独废疾者皆有所养，男有分，女有归。"这是孔子的理想世界，天下之处皆丰衣足食、安居乐业，人人不争、不贪、不求、不自私、不自利、不妄语；选择统治者时，要选举贤能聪慧有能力的人；人与人之间、家与家之间、国与国之间和睦相处；因为如此大公无私，所以人人相亲相爱，不但孝顺自己的父母，也以同样的心态孝顺他人的父母；不仅爱护自己的子女，也同样爱护他人的子女。老年人无忧无虑，安享晚年，年轻力壮的人，尽己所能服务社会、贡献国家，教育年幼的孩童孝顺父母长辈，爱国爱家；老而无妻、老而无夫、幼年丧父母、老年丧子女，有残疾和疾病的人都能够养活自己，生活得安定、幸福；男人要尽自己的本分，为国为家尽应尽的义务，女人安于家庭，有家庭作为归属。这就是孔子所追求的大同世界，人人无私，人人奉公守法，人人安于本分，社会和谐。

总之，社会美育作为我国传统美育的主要形态之一，相较于其他几种形态而言，主要在于同伦理宗亲思想的相结合，以及在社会生活的各个方面对人产生潜移默化的教育，因而其更是一种综合形态的美育。

（4）自然美育

自然美育是指以自然美为手段、途径来提高人对自然的审美感受力、创造力的教育。在自然美育的过程中，自然美育具有三个层次的育化功能，即悦乐忘身、爱心泛化、哲理领悟。大自然以其特有的钟灵毓秀之气和无私广博的情怀濡染着人们的审美情趣和审美意识，促使人们在感悟和欣赏自然美的过程中不断完善自身的审美心理结构，并获得深厚的审美欣赏能力和审美创造能力。在此基础上，人们能够以新的审美心理结构去观赏自然美，由此获得新的审美能力，从而达到审美主客体的双向互动和递进发展。在漫长的古代美育史中，自然美育一直占据着非常重要的地位，它对滋养人们的审美情怀、丰富人们的审美心理结构起到积极作用。

在中国旧石器时代末和新石器时代，原始先辈已萌发审美意识，并对自然的认识、改造也逐步深化，例如，出现了以鸟、兽、日、月、云等自然物作为氏族部落象征的图腾；在陶器造型、纹饰中出现了模仿自然物的形象，如仰韶半坡彩陶中有鱼、蛙、鹿等相当完整的动物图像。在殷周、春秋战国时期，自然美育已开始萌芽。在殷周青铜器纹饰、造型中，大多塑有鸟兽纹、云雷纹等动植物、天象等自然形象，它已不是作为人物形象的陪衬，而是比中国绘画更早地将自然作为艺术表现的主体，从中可表现出殷周人对自然美的感受力和表现力。同时，人们对自然美的把握和教育在先秦时期的诗歌艺术中也得到了充分的显现。在起于周初发展至春秋中期的《诗经》中，许多作品都直接描绘了自然物的美，或借自然之美以起兴特定的思想感情。

另外，儒道两家也都对自然有不同程度的亲近。"知者乐水，仁者乐山。知者动，仁者静。知者乐，仁者寿。"（《论语·雍也》）以乐山乐水比拟仁者和智者，将自然之美与道德之美有机结合起来。"子在川上曰：逝者如斯夫，不舍昼夜。"（《论语·子罕》）孔子望着奔流的河水，感叹时间的流逝、人世的变换。孔子最赞许的人生之志不是建功立业，而是追求"莫春者，春服既成。冠者五六人，童子六七人，浴乎沂，风乎舞雩，咏而归"（《论语·先进》）的投身自然、与自然和谐相处的理想境界。老庄更不用说，对自然美倾注了更多的热情。老子"道法自然"、庄子"天地有大美而不言"，他们除了追求理想的境界，更是直接引导古人投身自然、亲近自然，徜徉于自然美景，到大自然中寻找与自由生命相契合的精神与气度。

秦汉以后，随着人们对人与自然关系认识的深化，对大自然的审美特性不断有所发现，自然美育也逐步趋于自觉化，并越来越沉淀于艺术创作和艺术审美之中；而对自然美育的理论探讨也日益系统化，形成了鲜明的民族特色。例如，以嵇康、阮籍为首的竹林七贤，啸咏于山水之间，超脱于世俗之上，放情山水，会意风景，成为魏晋名士风度的重要体现。"晋人与自然之间的相处方式，实际上有两种，游观和隐逸。游观所引发的结果有两种，骋耳目之娱和借山水以悟道……在玄学自然观的观照下，二者共同指向同一旨归，遣逍遥之性，合自然之理。"[1] 魏晋士人多投入自然山水，借山水之游消胸中块垒，进而

① 钟仕伦，刘敏. 中古宗教与自然审美 [M]. 北京：商务印书馆，2012：316.

在长时间与山水的接触中，发现与自己的高迈超俗的理想情怀相契合的内在一致性，从而引发出对自然山水的一往情深。自然山水以其自身的魅力脱离前人所赋予的实用价值和道德属性，吸引人们流连忘返、陶醉其间，从而有了真正独立的审美价值。魏晋南北朝时期，人们寄情山水，体会着人与自然的和谐融洽，涌现出大量描摹山水风光的诗歌与绘画。

唐宋时期，经济繁荣，自然审美、自然美育进一步自觉化。游览名山大川蔚然成风，尤其是文人士子，触景生情，借题发挥，记为诗文的大有人在，从而使自然美的开拓无论在深度还是广度上都有了很高的成就。在审美态度、审美趣味上表现为倡导摆脱伦理名教和实用功利目的，以超脱的"林泉之心"去观照自然，"神会"自然之美的"神气""神韵"，从而陶冶自己的心胸，同自然之美契合。士子们在悠游山水感悟自然美的同时，也诱发了他们有意识地将自然美用文字和画笔刻画出来，从而极大地促进了中国山水文学艺术的发展。山水文学艺术作为自然美育的最好教本，也影响着一代又一代文人士子乐游山水，畅游天地。

除了人们自觉地投身大自然，接受自然美的熏陶，古代的教育者还有意识地选择山清水秀之地建书院，此种风气尤以宋朝为盛。据邓洪波教授《中国书院史》的统计，宋代书院总数达到720所之多，是唐五代书院总和的10倍以上，可谓多矣。书院教育既是与官学并立的私学教学系统，也是宋明理学家们重要的传经授道之处。其中著名者如岳麓书院、嵩阳书院、白鹿洞书院、石鼓书院、应天府书院、茅山书院等，大多都建在环境清幽、依山傍水之处。这和理学家们提倡的"格物致知"，走出书斋，重视践履，体味"天地气象"都有非常密切的关系。朱熹在《文类》卷七六《赠画者张黄二生》中就明确指出"远游以广其见闻，精思以开其胸臆"，所谓"读万卷书，行万里路"，远游能增长阅历，也能从山水之中得到自然美的熏陶。朱熹倾心山水，有意识地培养学生在悠游山林的过程中接触各种自然景物，体察万物皆有之理。他强调以天地为教，体察一事一物之义理，"盖古人之教，自其孩幼而教之以孝、悌、诚、敬之实，及其少长而博之以诗、书、礼、乐之文，皆所以使之即。夫一事一物之间，各有以知其义理之所在，而致涵养践履之功也"（《答吴晦叔》）。朱熹强调美育重在践履，在他看来，若人格美育只停留在观听之美的地步，于修身养性是没有太大作用的。

为了贯彻自己的自然美育理念，朱熹常常带领弟子从崇安县五夫里到武夷精舍著书讲学，进行优美环境的化育，被称为"幔亭之风"。在武夷山，他不仅通过诗教、乐教来提高学生的审美感知和创造能力，而且通过山水之教、劳作之教让学生亲近自然、体察自然，以切身体验感知天地之大美。"山水之教"就是利用自然山水之美进行的环境熏陶。武夷山山势磅礴，九曲溪贯穿其间；两岸峰岩、丹崖翠壁，林立环拥，神剜鬼刻；山中猿鸟吟啸，竹柏丛蔚，昏旦晦明异候，四季草木敷华，是返归自然，脱俗绝尘的理想教育场所。只有接近大自然，才能发现这些美。

自然美通过文学艺术家的点染，还能使自然景观与人文景观互相辉映，共同为人类的审美体验增加新的素材，如山水诗文。凡是名山大川，无不因为有历代文人墨客的点化，使后来的游览者有更加丰富的审美体验。山水诗文是在亲和自然、纵情山水的民族文化心理这块土壤上催生的，它是壮丽秀美的名山大川与敏锐丰富的诗人心灵相激相撞的结果。自然山水景观以其千姿百态的魅力，激发着历代诗人的无限诗兴和美感，当诗人骚客把这种被激发的美感和诗兴，以一种特定的语言与语体形式喷涌着表现出来时，就凝结成一种物化的审美体验。当后人在游山玩水的时候，不仅可以欣赏到优美的自然风景，而且可以观看古人留下的摩崖石刻、题词碑帖，回味文人墨客留下来的精彩诗文，这些山水诗文构成了中国山水审美中与山水自然景观相映衬的山水人文景观。

因此，中国古代不仅很早就发掘了自然美的本原、本质和审美特性，而且积累了丰富的审美经验；不仅很早就探讨了自然美育的本质、特征、功能，还较系统地总结了自然审美、自然美育的方法，这些都充分说明了中国是最早发现自然美、最早自觉开展自然美育的国家之一。

2. 中国传统美育的基本特征

在中国美育史上，体现中国传统美育特征的学术范畴很多，然而，笔者认为，从中国传统美育事实状况和发展趋势来分析，中国传统美育的基本特征则表现在以下几个方面。

（1）中国传统美育注重内在思想

中国传统美育千百年来形成了一套完整的理论体系，除了外部条文枝节的方法和具体形态，其最重要的特点是在美育活动中所体现出来的深邃哲理，它们和中国传统思想中注重整体综合的特性是紧密联系的。作为中国传统美育的乐教便渗透着浓厚的道德关怀，如孔子常教其弟子"鼓瑟击磬"，但他的趣味教育核心在于"仁"字，所关怀的也是人的道德境界的完善，因此，传统的乐教，是一种以社会道德关怀为内核的艺术教育。中国古代审美教育突出人格道德的完成，如儒家美育要求善美统一、礼乐相成，然而又强调善对美的制约，礼对乐的拘束，因而人格道德的完成成为中国古代审美教育的最高目标，从而体现出中国传统美育的特点。所以中国美育所体现出来的基本特征之一就是长于内在思想。

中国传统美育注重思想性在各种美育形态中都有所体现。例如，王阳明在论儿童教育时指出："凡诱之歌诗者，非但发其志意而已，亦所以泄其跳号呼啸于咏歌，宣其幽抑结滞于音节也。"他认为开展家庭艺术美育应"顺导其志意，调理其性情，潜消其鄙吝，默化其粗顽，日使之渐于礼义而不苦其难，入于中和而不知其故"（《王文成公全书》卷二

《语录·传习录》），这就指出了家庭艺术美育具有情感宣泄、潜移默化的功能。在"家诚""家训"和蒙书中还依循孔子"性相近也，习相远也"的思想，教育青少年在良好的社会环境、人际交往中接受"熏渍陶染""潜移暗化"，如《颜氏家训·慕贤》中所说："是以与善人居，如入芝兰之室，久而自芳也；与恶人居，如入鲍鱼之肆，久而自臭也。"所以"君子必慎交游焉"，这是中国美育长于内在思想性在家庭美育中的体现。

中国美育长于内在思想性体现在社会美育中，首先是以道德精神、行为规范实施伦理美育。在西周时期，周公等人即以"敬德"以"祈天"，"修德"以"配命"和"孝友""无逸""保民""惠民"等社会美德美行劝君教民，如《诗·大雅·文王》中所说："聿修厥德，永言配命。"后世儒家继承和发展了这种思想，以立德、立功、立言"三不朽"和"内圣外王"为人生价值的终极关怀，以仁义礼智信、温良恭俭让为社会美德和社会规范，并以此"教之"于百姓，规范百姓的言行。孔子所谓"己所不欲，勿施于人"（《论语·颜渊》），"不义而富且贵，于我如浮云"（《论语·述而》）；孟子所谓"富贵不能淫，贫贱不能移，威武不能屈"（《孟子·滕文公下》）；《礼记》所谓"君子有大道，必忠信以得之，骄泰以失之"（《礼记·大学》）；老子所谓"知足不辱，知止不殆，可以长久"（《道德经》第四十四章），"圣人无常心，以百姓心为心"（《道德经》第四十九章）；范仲淹所谓的"先天下之忧而忧，后天下之乐而乐"等，都显示出非常强的思想性，这些具有哲理性的思想施与社会人群，起到了相当积极的作用。

自然美育也体现出中国传统美育注重思想的特点。《庄子·知北游》中认为，"天地有大美而不言……圣人者，原天地之美而达万物之理，是故至人无为，大圣不作，观于天地之谓也"。庄子认为"天地之美"是"道"的显现，是"自然无为"的本原的美，人若摆脱世俗羁绊，以"坐忘""心斋"的态度对天地自然之美进行审美观照，并与之默然契合，达到"万物与我为一"的境界，便可获得精神的解脱，得到最大的自由和审美的快乐。与道家从自然本性上探讨自然美和自然美育的本质、功能相反，先秦儒家则以伦理道德、人格精神的眼光看待自然美和自然美育，强调自然美的社会性和自然美育的社会伦理功能。孔子在《论语·雍也》中曾提出"知者乐水，仁者乐山"，在《论语·子罕》中说"岁寒，而后知松柏之后凋也"，其基本要义是"君子比德"，以山水、松柏的自然性比拟、象征人的道德精神，进而发掘自然物与人的本质、品性的内在联系，在将自然物拟人化、人格化、社会化的过程中赋予自然以人的社会内容，并以这种寄寓了人的道德精神的自然美作为美育的手段，使人在对自然的审美中，给人以道德情操的启迪和教化。所以，儒家所说的自然美实际上是人的本质对象化，其自然美育的实质是通过对自然美的审美来把握人的精神品格的美。在这一点上，它同道家的自然美育观显然是相左的，但它们在人与自然的关系上又有一个基本的共同点，那就是都强调人与天地之和，即只有当自然同人亲和、契合，自然才是美的。在这种审美观的背后有着相应的思想基础支撑，都体现出一种深沉的思想意蕴。

美育的考察可以看出，注重内在的思想性是中国传统美育的基本特点之一。

（2）中国传统美育以私人教育为主

与现代美育多在学校和公共场所开展不同，中国传统美育多为私人教育，无论学校美育还是家庭美育或其他美育形态都以私人美育为主，公共美育没有私人美育占的比重大。

在这一点上表现得最明显的就是家庭美育，作为中国传统美育的主要形式之一，其具有很大的私人性。中国古代家庭美育有悠久的历史和优良的传统，在进行经久不衰的美育实践的同时，还就家庭美育的意义、途径、方法做了理性的思考。家庭是宗法社会的基石，是社会结构的基本构成。古人对家教、家庭美育的关注，反映了他们对个体、家庭同社会、人生关系的终极关怀。孔子谆谆告诫其子伯鱼学《诗》，一是通过"兴于诗，立于礼，成于乐"，使其成为"文质彬彬"的"君子"；二是使之"授之以政""使于四方"，建功立业，有着鲜明的政治伦理目的。儒家这种以家教、齐家为基本元素的教育思想、美育思想在中国古代产生了深远的影响。历代家教和家庭美育都同这种思想有着内在的渊源关系，是"家国同构"范式在家庭美育中的实施和体现。汉代以后，童蒙教育、家庭美育渐趋成熟，以家庭为单元的"家馆"和私人所设的"书馆"遍布各地。作为中国传统美育主要方式之一的家庭美育，对中国的教育产生了很大的影响。由此可见，作为中国传统美育的重要方式之一，家庭美育主要为私人教育。

另外，就学校美育而言，自春秋时的孔子开始，中国的私人教育便开始发展起来。在其后的历史中，师友相传也是一种重要的教育方式，汉代有盛名的学者门下经常有万余人从学，足见私人教育的兴盛。至唐宋时期书院制度开始建立，宋时四大书院重讲学授业而不重科举，致力于提高学子的素质修养，更是私人教育的典范，对后人影响至为深远。由于中国幅员辽阔，人口众多，官办教育场所只能满足部分人的需要，因此在官办教育之外，只能用私人教育来补充。因此，中国古代从启蒙到成人都有相应的私人学校进行教育，以满足民众的需要。学校美育的很大一个组成部分为私人美育。

就自然美育和艺术美育而言，中国古代艺术审美的基本特征是追求"和"，推崇人与天地自然之和、人与人之和、艺术的质与文之和、艺术诸要素之和、审美主体与客体之和、主体生理心理之和等，这种历史发展的审美取向导致艺术审美中推崇"意境"之美、"神气"之美、"自然"之美和"韵味"之美。其美育产生的效果主要在于个人的感悟和兴发，同接受者的品质修养具有十分密切的关系，这更显示出私人化的特点来。因此，相对于中国近现代以来，美育被纳入学校的教育方针，列入学校的授课日程，有固定的制度保证实施，作为公开的教育目的之一而言，中国传统美育更具有私人性的特点。

（3）中国传统美育多寓于综合的形式

在传统社会发展相当长的一段时间中，美育实际上是一种综合艺术教育。在各种美育形态内部，如家庭美育、社会美育、自然美育、艺术美育等，综合的形式较受重视，注重各种美育的协调发展。在美育中，各种美育手段都有综合的特点，如作为中国美育主要手段的"礼乐之教"的"乐"便是一种综合的形式。乐教是中国传统美育最为典范也是最具有民族特征的形式。《礼记·乐记》中提到："故歌之为言也，长言之也。说之，故言之；言之不足，故长言之；长言之不足，故嗟叹之；嗟叹之不足，故不知手之舞之、足之蹈之也。""乐者，德之华也。金石丝竹，乐之器也。诗，言其志也。歌，咏其声也。舞，动其容也。三者本于心，然后乐器从之。"可见中国古代社会的"乐"实际上至少包括了诗、乐、舞三位一体的合一。但从古代文献等各方面的表述来看，它所包括的内涵要更为深广。

同时，乐教在形式上既具有综合性，又具有交叉性，还具有杂糅性。所谓交叉性与杂糅性是指乐教既与其他教育交合而成，同时也常含有非美育的成分。《礼记·经解》中说："广博易良，乐教也。"说明乐教所具有的广泛性和普遍性远远超过了美育的意义，其起到一种教化民众、陶冶民众性情的作用。

儒家美育思想的创始人孔子，其美育思想同样也体现在乐教教化民众、陶冶性情方面。《论语·八佾》中记载："子谓《韶》：'尽美矣，又尽善也。'谓《武》：'尽美矣，未尽善也。'"孔子认为，《韶》乐具有美的形式和善的内容，而《武》乐却只有美的形式，没有善的内容。而乐的美的形式具体而言就是指音乐的音调与乐曲的整体形式的优美，一首具有艺术感染力的乐音，才能称为"尽美"。至于"善"，在孔子看来则是指"仁"，只有仁乐，才符合孔子心目中乐教对美育的教化作用。音乐，应该是既能作为美好的事物以欣赏，也能陶冶性情，与此同时还能起到一定的伦理教化作用。

与之相应，中国传统的六艺教育同时包括德育、智育、体育、美育等，它所进行的是一种全方位的教育，既有艺术教育也有技术教育，作为道德教育的"礼"在六艺中更是处于统领地位。显然，乐教不只是一种简单的逻辑意义上的指称，而是以一个简单的概念蕴含更为复杂的社会内容、民族情感和思想意义的逻辑形式。这些也从侧面证实了中国古代没有单纯的美育，古时的美育主要寓于综合教育之中。

中国传统美育寓于综合教育之中还表现在各种美育形态之间也有互相融合倾于统一的趋势，如自然美是艺术美的源泉之一，艺术美是自然美的集中、概括、加工和升华。当原始艺术和非自觉的艺术审美、艺术美育一旦发生之后，又塑造了人的审美意识，使人开始以艺术的眼光观照自然，把握自然的美，从而又为自然美育提供了艺术的内涵。到春秋战国时期，人们开始对人与自然、艺术美与自然美的关系做理性的探讨，赋予了自然以社会的人格意识，并为艺术反映自然和艺术美育、自然美育奠定了初步的理论基础。魏晋以后，随着人的自觉，人们越来越有意识、有目的地从自然中寻求美，也越来越自觉地以艺术的方式表现自然美，并且借助于艺术强化对自然美的审美观照，提高对自然美的审美能力。这样做不仅促进了山水、花鸟、诗画等直接表现自然美的艺术有了长足发展，而且推动人们进一步自觉地以艺术的观念审视自然、再造自然，使自然美育与艺术美育齐头并进，相济相成。

综上可以看出，首先，从总体上来看中国古代美育往往与伦理思想密切相连，常被当作礼教的附庸，缺少独立的品格，因而常常以综合的形式表现出来；其次，传统美育各种形态间互相渗透融合，具有密不可分的关系，有时一种美育形式，可以同时横跨好几种美育形态，这也体现了中国传统美育寓于综合形式的特征。综合是中国传统文化的基本特征之一，中国传统美育也是如此。

二、美育课程建设

（一）美育课程建设的原则

教学实践是教学原则的起源。教育原则持续丰富、发展、更新的唯一来源，以及其赖以形成的土壤、根基，都是教育实践。自从有教育活动以来，人们在教学的实践中，经历持续的探究，渐渐发现了教育成功的规律性要素，也了解到导致教育失败的经验。因此，部分进步的教育家、思想家将其加以概括、提炼、总结成为理论准则，作用于教导教育实践。

联系现今美育准则缺乏的问题，依照"以美成人"的美育基本定位，笔者认为，主要应以下面四个基本原则为标准展开"以美成人"的课程建设。

1. 乐中施教的原则

能让人"乐"的教育才是美育。美可以激发人的情感，让感官得到愉悦的满足，使人想要欣赏美，乐于受教。审美愉悦不仅取决于审美对象，人们对于自身的力量、智慧的信任也是人们审美愉悦性的起源。所以，进行美育活动时，受教育者经常处于愉悦的精神状态、心理状态，形成浓烈的感情经验，取得巨大的审美享受。该愉悦性是吸引人、引导人、教化人去学习美育、学习审美的关键因素。

在对学生进行美育时，应联系学生的审美特点，依照教育目的，因材施教地对其进行审美教育，将简单的生理愉悦变为浸透着理性的光辉，就是美育中的乐中施教原则。这样以乐促教、寓教于乐的教学方式就是审美教育的地利人和。在进行美育时，须保持以美成人的美育，乐中施教的准则，把形象教育、愉悦教育贯穿教育的全过程。

2. 潜移默化的原则

美育的效果并非立竿见影的，其是一个持久的培养过程；人格的培养也并非一朝完成的，而是跟随人一生的培养教育。学校无小事，事事都育人，美育应该是高中学校全过程、全方位的教育，是高中学校育人的关键内容。在无形中发生教育的原则就是美育实施的潜移默化原则。在美育实施中坚持潜移默化原则的含义有两点：第一，将美育贯穿、浸透到教育的全过程中；第二，将美育贯穿、浸透到校园文化中。

（1）实现美育在教育全过程中的贯穿浸透

在高中进行教育时，由教育活动中至课堂内外的教育活动，由后勤至管理，由教学至教育，由教育环境布置至学校布局，皆体现在审美。为推进学生包括品格在内的全面发展，实现教育活动的目的与教育目标，发展学生多方面的潜能教育，包含审美设计的教育，这就需要形成受教育者完整人格修养的过程，同时，还需探索高中生在教育活动时所提升的审美情趣、发展的智力体力、获取的知识技能。学生在接受教育时美的感受，会让其内心充满自由创造的愉悦，振奋精神，唯有如此的活动才能让学生主动参加。美育以情感人，能够让学生在轻快愉悦的气氛里，耳濡目染地接受美的浸染，让其在获得知识的过程中提高自身修养，让其在潜移默化中塑造人格，和谐全面地成长。

学校美育是教育全过程中的教育理念，同时，也是技能、知识、艺术的教育，它表现并浸入于所有教育全过程的教育方法、教育艺术，汇入了教育者的情感创造、人生体验，这是对教育技巧的升华、领先。学校教育的教学内容与教学活动，都是美好的、精彩的，要让学生在了解知识的同时，能够从中获得美的感受，用欣赏的态度参与其中，能够使教学活动变成特别的审美活动，让学生潜移默化地得到教育。

此外，美育还应浸入德、智、体、美、劳等全面的教育中。在体育方面，学校应积极提倡形体训练和运动的联结、艺术和科学的联结、健美和健康的联结，把体育当作提高审美水准的过程。这就需要学生有刻苦耐劳、克服困难、不甘落后的精神，有富有节奏感的优雅、协调的动作以及健美的姿态，有互帮互助的品格。在智育方面，它与美育是相得益彰的，杰出的智商、丰富的科学文化知识，能够帮助学生创造表达美、鉴赏理解美、感受美，得到艺术上的修养。丰富的想象的思维能让学生产生审美情趣，体会到创造、劳动的快乐，让愉悦感充斥着学生的学习生活。在进行德育教育时，须增强文明规范、时事教育、文体活动、实习实践、艺术鉴赏等内容、形式及过程，让德育拥有吸引力。劳动技能也需要美育。通过培养劳动技能，让学生拥有劳动技能知识，学以致用，培养其劳动习惯、劳动观念。

综上所述，美育在进行人才培养、学校教育时，须重视教育全过程、全方位的潜移默化，同时，还应相对独立地发展学科特点，让其变成教育中的关键，变成融入学校服务、管理、教育等各方面的综合教育。

（2）实现美育在校园文化中的贯穿、浸透

实施美育的关键途径就是校园文化，校园文化显著的特征、丰富的内涵使其有着许多功能，对塑造学生的优良人格有着无可比拟的作用。

第一，须运用校园文化的审美性推进学生向往崇高的人格。需要主动提倡、营建健康向上、推崇科学、团结友爱、求实创新的校园文化，让学生能够在这种氛围中感受到直觉体验，融美于灵魂。主动宣传先进集体、先进模范人物事迹，完全发挥出教化人、勉励人的作用。通过优良的学校环境、学风建设，使学生灵魂得以净化，思想情操得到熏陶。

第二，须通过丰富学生的审美体验，建立良好的校园环境，让学生时时刻刻都能受到美的教化。校园文化的载体就是校园环境。静谧干净的图书馆、宽阔明亮的教室、设施先进的实验室、绿树成荫的人行道、设备齐全开放的体育场地，以及文化底蕴丰富的人文景观，这些都会让人觉得心旷神怡。良好的校园环境对学生的活动、学习皆起着良好的作用。校园是学生生活的乐园，也是教学的关键场地。在干净整洁的学校中学习，学生会无时无刻不体验到美的感受，接受着美的教化，熏陶美的情操。

3. 因材施教的原则

因材施教的原则在美育中表现为依照学生的兴趣、性格、能力等实际情况来对其推行不一样的美育，进而让学生可以和谐、自由地发育。推进个体完整品格的建立必须尊重学生审美的个人倾向。从教育学的角度来看，对学生个体身心智能差异的科学态度、对学生主体地位的完全尊重、对学生未来发展留下一定空间，这些都是因材施教原则的体现。从教学的角度来看，从学生的实际情况着手，根据不同学生的特点，因材施教地对其进行教育，让学生依据不同的方法、条件、渠道来获取最佳的教育效果。因材施教原则是契合学生品格发展规律的基本准则，同时，其也反映了在教育中学生内心的发展规律。因材施教的原则可从以下三个方面落实。

第一，从实际出发进行美育，定位准确。高中教师在对学生实施美育之前，应熟悉学生，即学生擅长哪方面、哪方面又比较薄弱，教师都应该熟悉，还应对学生的审美认识水平有正确的定位，要把好所有学生的"脉搏"。教师要辅助学生认知自身的优势，熟悉自身的审美状况，进而让学生的积极性得到调动，协助其获得自信心。

第二，教师须根据学生的个性特点，制订出最佳计划，让学生的性格获得充分的发展。在实施美育时，教师应全面熟悉不同学生的身体状况、兴趣、爱好，学生的接受能力、一般知识水平，方便教师从现实出发，制订出不同性格的学生发展的最佳计划，让教师能够有指向性地进行美育。

第三，教师须激发学生的学习兴趣，准确看待学生的个别差异。美育应以美成人，须完全理解学生的才华、爱好、需求，让学生在接受美育时，能够探索到最擅长、最喜爱的领域，还能在该领域中继续探索。在这个过程中，教师须对学生十分熟悉，尽可能地把握其爱好所在，随时找准时机鼓舞、指引学生，增强其学习的自信心，让学生的自我美育主动性得以提升。在实施美育的时候，要想学生的审美能力得到提升，培育其审美兴趣，就必须严谨落实因材施教的原则，如此才能够让学生的个性得到全面发展，健全学生的人格。

4. 循序渐进的原则

在对学生实施美育时，须依照其认知发展的规律，由低到高、由易到难、由浅入深逐渐开展，即在实施美育时应遵循循序渐进原则。

依据认知的次序，由此及彼、由表及里、由感性到理性就是人们对于事物认知的过程，学习的过程亦是如此。循序渐进原则亦是依据由简到繁、由近及远的认知次序来进行的。

（1）须辅助学生拥有正确的审美态度

简而言之，人们在审美活动中所持有的审美观念就是审美态度。在喜悦的心态下获得精神世界的享受，在美的鉴赏中实现对物欲、名利的超越，以美的角度分析世界，以美的眼光去认知世界，这就是正确的审美态度。同时，要教会学生善于将生活中遇到的压力转化为无穷的动力，使其能够快乐地学习、生活。

（2）须让学生的审美能力得以提升

人们鉴赏、判断、感受、发现美的能力就是审美能力。可从两个方面培养学生的审美能力：第一，须积极展开相关审美实践活动，让学生在广袤的社会天地、秀美的大自然中，在具体可感知的审美体验中，在校外、课外五彩缤纷的实践中，能够真正鉴赏美、感受美、了解美、学习美，在美的熏陶下能够提升审美能力、升华情感，逐渐完善其人格结构；第二，须占领课堂教学的领地，牢牢掌握知识的授予，通过教授美学的基本知识，让学生把握基础的美学理论、美学常识，理解美的内容形式、本质特点，让学生拥有基本的美学修养，然后再产生准确的审美判断标准，能够在理论上指引审美活动。

（3）须让学生的审美创造能力得到培养

发挥出人的创造性是培育完美人格的关键目标之一。人们在审美实践中，恪守美的准则、依据美的规律，自主创造事物的能力就是审美创造能力。非凡的动手实践能力、丰富的想象力、身心的解放皆是审美创造力的来源。求变求新、活泼好动是学生的特征，美育须指引学生积极依据美的规律来美化客观世界和主观世界，运用美的尺度来引导、评价生活，同时，还应激励其创造的热情。学校美育还应为学生构建创造美的平台，激励、指引其对美的创造热情，让其有充足的机会去展示自身的才华。

（二）美育课程建设的方法

美育课程建设的方法主要有以下几个方面（图3-2）。

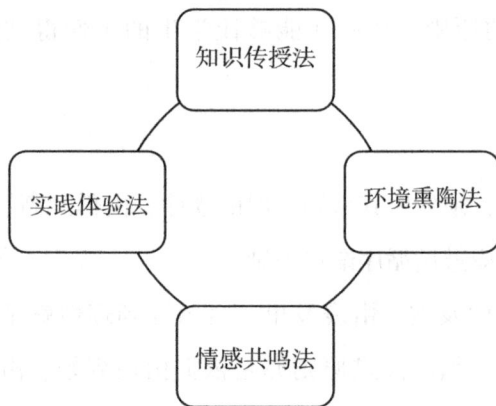

图3-2　美育课程建设的方法

1. 知识传授法

在美育教育当中，常见的授课形式是课堂教学，这也是目前教育当中最常用的方法。除课堂教学方法以外，也有其他一些知识传授的方式。例如，学习宣传法和知识讲授法。学习宣传法，就是通过各种舆论和传媒的方式，将美学知识传递给学生，通过开设专题讲座，让一些知名的专家为学生传达美的思想，并且引发学生的思考与讨论。这种教学方法覆盖面广，具有很强的影响力。同时这种系统性的教学能够为学生创造一个良好的环境，让学生自主地参与到学习中去。知识讲授法也是一种常用的方法，通过教育者口头传授向学生传递美学相关理论知识，这种方法十分常见。运用知识讲授法时需要注意：教育者所传递的教学内容应是十分准确的，对于知识的讲解需要系统又全面，并且具有科学性，在传授理论知识的同时，也需要注重与实践相结合，通过循序渐进的启发和引导，让学生有层次地学习。

除此之外，知识传授法还有一些特征，首先具有直接性。在教育者教学过程当中，教育者与受教育者都需要明确教育的开展，这样才能有效实现教育目标。其次具有系统性。教育者实行审美教育，是一个长期的过程，受教育群体需要在相对固定的时间地点接受教育，这就需要教育者对教育内容有步骤、有目的、有计划地展开，根据受教育者接受的能力进行不同时期的教育。最后具有易普及性。从一般意义上来看，知识传授只需要有一两名专业的教育者，就足够对数百名受教育者进行教学活动了，覆盖面积十分广阔。

教师在高中课堂上实施美育教育，不仅仅要将传统的理论知识传授给学生，同时也要引导学生对于审美的起源和本质进行探索，正确看待审美的价值和规律，掌握基本创造美的方法。日常学习生活当中，学生也需要亲自去感受和创造人与自然的美，并且学会有意识地自我鉴别，对美产生正确的评价。

2. 环境熏陶法

环境熏陶法是指通过美的事物和美的文化，形成一个美的环境，在受教育者没有意识到的前提下，潜移默化地让他们感受到美的熏陶，逐渐形成美的意识形态。

学生正处于一个思想活跃的阶段，他们身上有许多可以开发的潜质，如诗人的品格、容易被激发起的情感，以及浪漫主义气息。同时，他们又有一定的文化知识基础，如果在生活环境中创造美的事物，让美与他们的生活紧密关联，这样就能让他们在熟悉的生活中不断地被美熏陶和感染，使美育教育事半功倍。学生生活在校园中，如果学校能够具有良好的人文气息和审美精神，那么这将对学生的审美教育十分有利。由此可见，以美成人的美育教育想要得到更好的教育效果，那么校园是一个重要的载体。

学生的素质教育和健康成长都离不开一个良好的校园环境。一个良好的校园环境能够让学生身心感受到愉悦，同时也能够潜移默化地提升他们的审美格调。这种环境熏陶具有强大的教育力量。校园环境包括校园绿化、配套设施、建筑等方面。例如，建立一个绿树婆娑的校园环境、与校园文化相适应的建筑构造、干净整洁的空间等，这些都是能够让学生体验和感受校园文化的方式。

同时，校园文化活动也能够为学生增加审美教育的心理体验。校园组织的各种活动，比如演讲、社团、兴趣小组、读书会等，都是可以让学生感受到美的感染力，从而震撼他们的心灵，陶冶情操，逐渐增强他们对真善美的理解。学校可以通过一种民主的管理制度，建立良好的校风和和谐的人际关系，通过丰富多彩的校园文化活动，打造良好的校园文化氛围，让学生在良好的环境中健康成长，潜移默化地在思想和行动上受到校园的熏陶，建立起完善的人格，达到全面综合的发展。

实施环境熏陶法也需要注意：首先，在形式上要举办一些具有感染力和吸引力的活动，让学生产生共鸣，只有喜闻乐见的形式才能够达到教育目的；其次，要注重学生的主体性，不但要通过鼓励引导让他们主动参与各类文化活动，同时也要让他们主动进行创作，让他们在参与活动中感受到美的力量。

3. 情感共鸣法

情感共鸣法是教师在美育教育的过程当中把自己的情感融入课堂之中，从而让学生产生情感的共鸣。这是一种通过教师的能力来传授知识，提高学生的觉悟能力，让学生逐渐养成完善人格的教育方法。这种方法非常注重受教育对象的情感激发，美育教育就是一个逐渐内化客观对象情感的过程，所以情感的熏陶和调动是十分重要的。

找到与学生情感共鸣的方式就需要坚持情理交融的原则。教育者在审美教育过程当中，需要通过激发受教育者的美好情操和积极进取的情感来达到审美教育目标，这种情感是积极向上的。注重学生的精神进步，启发他们的理性思考，能有助于他们树立正确的世界观、人生观、价值观。

学生在参加审美活动时，具有一定的情感性，所以教师在培育过程当中，一定要注意情感的教育。例如，在教学氛围、手段、语言、过程这四个方面都可以注重情感因素的设置，通过设立一个愉悦的教育环境，让学生在温馨、愉快的气氛当中进行审美能力的学习和提升；在教学过程当中，让学生独立、主动地参与到教学中去，有意识地让他们去感受美和接受美；在教学语言上，可以用生动形象的语言，让学生感受到情感，通过语言的艺术，让学生接受美的知识，提升美的能力；在教学手段上，可以采用多样化的手段，提升学生的学习兴趣，比如设置辩论、竞赛、参观等活动，让学生产生浓厚的兴趣，积极、主动地参与到教学过程中去，产生良好的教学效果。

4. 实践体验法

实践方法在美育教育教学当中表现为学校组织的各种审美实践活动，审美实践活动是最基本的能够提升审美能力的方式之一，也是一个客观改变世界，从而影响主观精神世界的过程。实践活动分为劳动实践、校园活动以及参观访问等。

在实践活动过程中，学生通过亲身经历逐渐形成美的认知，在潜移默化的体验过程中提升创造美和审美能力，亲身的实践能够从思想意识、感官体验、情感等层面认识到事件的价值与意义，形成独特的美的认知，让身心得到和谐发展。体验能够超越理性，让人感知到生命当中的情调和生命力，在精神上让人得到满足。

实践体验能够让学生在体验过程中感受到心理上的变化，能记录学生的心路历程。实践需要亲身体验，体验需要通过行动与意识互相统一结合，产生综合的反应，实践之后的感受和体验能够通过人的内化与主体化，成为精神上的养料。

实践体验是一种十分重要的教育方式。学生通过实践活动可以在审美上将已掌握的理论知识得以应用，同时也可以在实践中获得新的感受和体验，这可以从客观和主观两个层面增强美育理论的成果，让审美达到新的高度。

在实施实践体验法的过程当中需要注意遵循以下原则：首先，建立一个有效的机制，让实践与认知这两个层面能够更灵活地互相配合，从而形成一种长效的机制。学生的审美过程是有波动性的，通过一次的实践活动，不可能立即提升学生的审美能力，所以应该通过这种长效机制为学生创造更多的实践体验活动，再根据新的问题和形式灵活地将活动形式进行转变，逐步提高审美和创造能力。其次，通过引导来加强实践体验活动的效果。如果仅仅让学生在形式上参与体验活动，这就容易流于表面，而没有达到实际的教育效果。所以在实践体验活动中需要教师给予学生一些引导。比如提前制订体验计划，根据审美现状，制定相对应的体验方式，如需要记录和观察学生体验过程中的感受，通过提供一些理论知识和参考对象，让学生在思想和情感上产生共鸣，在体验活动中达到审美的教育目的。

（三）高中美育课程建设的内容

在深化高中教育改革的时代背景下，学生获得了学校提供的更自由的学术空间和更开放的学习氛围，主要表现在学生拥有了更大的自由来选择学习内容的时间和空间。同时，得益于现代信息化社会的迅猛发展，学生也会充分利用各种途径来挖掘美育信息以适应大众文化的冲击。因此，审美教育若想实现长远发展目标，就必须在坚定的审美教育目标的方向下，尽快完善自身的教育内容，以满足学生不断变化的审美需求。

1. 高中美育课程建设内容的类别划分

近年来，越来越多的美育工作者开始积极探索美育教学方法，并在美育内容的选择上越来越倾向于适应时代发展需要和理想人格培养；同时，在高等教育理论研究与实践方面进行了很多大胆的创新尝试，这些重大举措在提升当代学生的综合素养，推动美育工作的健康、和谐、可持续发展以及适应素质教育方面发挥了重要作用。就现阶段而言，美育教育课程大致可划分为以下几个方面。

（1）根据教育范围进行分类

一般可包括家庭美育、社会美育和学校美育三个方面。第一，家庭是人生的起点，也是美育的起点，应该把家庭日常生活看作一种教育，从这里找到家庭美育实施的途径。第二，社会美育的领域极为广泛，影剧院的演出，电视、广播中的节目，音乐厅、展览馆、博物馆、文化宫、俱乐部、体育场、游泳池、图书馆等以及生活环境的美化、风景游览区的开发、名胜古迹的整修，还有商店橱窗的布置，路边广告的设计，这些都可以作为社会美育的工具和场所，成为社会美育的组成部分。第三，学校美育是对学生进行人格养成教育的有效途径。基于学校本身"教书育人"的基本功能，在学校中通过实施美育来促进学生理想人格养成和思想素质提升均有着相对便利的环境条件。

（2）根据性质进行分类

按照美育内容性质不同可以划分为自然美育、艺术美育、人生美育三大类。第一，自然美育是最原始也是最贴近人类生活的美，它就蕴藏在大自然之中；第二，艺术美育是现实美的凝练和集中，它包括音乐艺术美、美术艺术美、影视艺术美、文学艺术美和环境艺术美等；第三，人生美育也是审美教育的重要组成部分，人有心灵美、形体美，有属于人与人之间的语言美、服饰美，有属于群体活动的环境美、人情美。

2. 高中美育课程建设内容的教育维度

美育课程建设内容的教育维度主要从以下三个方面探讨（图3-3）。

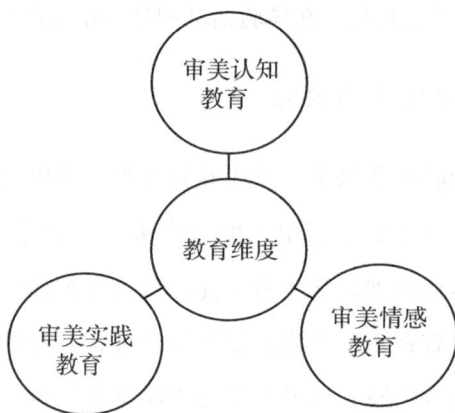

图3-3 美育课程建设内容的教育维度

（1）审美认知教育

审美认知教育针对的是审美活动的认知过程和接受过程，是以输入、编码、转化、储存、提取、运用等方式对审美信息进行加工整合的活动。若以审美心理学的视角来看，审美认知教育的目的在于建立教育者的审美心理认知结构，并通过审美活动中形成的这种认知结构来支配未来的审美活动。审美教育活动是一个复杂的活动过程，主要可分为把握了解审美理论知识、加工处理审美信息、控制审美活动心理机制等阶段。作为个体进行审美活动的重要步骤，审美认知教育实现了对审美信息的获取和运用，在培养学生正确的审美感受和审美意识方面具有重要影响力。因此，在审美教育活动设计过程中，可进行以下两个方面的完善（图3-4）。

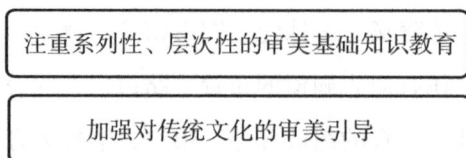

图3-4 审美认知教育的完善

第一，注重系列性、层次性的审美基础知识教育。现阶段而言，审美教育的正常开展遇到了一定程度的阻碍，主要表现在两个方面：①现阶段学校开展的审美教育侧重于艺术教育，在内容的设计上更加凸显专业审美技能的提升与发展，智育仍然是衡量教学效果的标准。②审美教育、艺术教育、美学教育之间的界限不明确，审美教育课程设置只停留在艺术专业必修课和非艺术专业选修课上。针对此类问题，审美教育不得不进行新的发展路径的探索与尝试，其中最为关键的一点就是要改变传统教学侧重美学基本理论的讲解与灌输的方式，在此基础上将美学原理与审美实践活动统一起来，使美学教学内容类型更多样、层次更丰富，这样不仅传播了美学基本理论，同时也培养了学生的美学素养。

具体而言，应做到三个方面的工作：首先，以美学基本理论教学为前提，引导学生建立美学体系，让学生体会美的概念、审美的意义和方法等，进而指导学生开展审美实践；其次，将个人在生活经验中培养起来的审美感知，与具体艺术形式的欣赏、各艺术门类的了解等结合起来，从而使学生用更客观、更综合性、更多层次的视角和心态去感知绘画、雕塑、影视、戏剧、建筑、音乐、舞蹈等艺术形式的审美特质；最后，实现审美教育向其他类别科学教育活动的渗透，在教育内容上用自然美、社会美、科学美等审美对象的提升来加以完善，并升华到人格审美的境界。

第二，加强对传统文化的审美引导。文化心理（也称人格特质）与民族文化和国家意识的不同有关。中华文明上下五千年，先辈用辛劳汗水为民族积淀了浓厚的民族文化和传统品德，这些优良历史沉淀彰显出了浓郁的社会美和人情美。从古至今，人类历史上诞生了四大文明——两河流域文明、古埃及文明、古印度文明、中华文明，随着历史变迁，有的文明湮没在了历史长河中，唯有中华文明不断被丰富、不断向前发展，这种持续性发展从侧面印证了中华文明存在的合理性和强大的生命力。中国传统文化是中华民族屹立在世界民族之林的有力支撑，是中华民族国民性和民族魂的力量源泉，它凝聚了中华儿女几千年的智慧与汗水，是中华民族向前发展、不断进步的精神动力。也正源于此，中华民族的传统文化才能为世界所认可和推崇，这与鲁迅先生所提出的"越是民族的，越是世界的"观点不谋而合。

审美教育中融入优秀民族文化元素是人格养成的先在性和历史继承性的内在要求，只有不断提升审美教育的民族性、传统文化性，才能不断完善审美教育的真正内涵，才能让审美教育更具审美价值。

（2）审美情感教育

所谓审美情感，是指审美主体对客观存在的美的体验和态度，它是人类的一种高级情感，贯穿审美活动始终。审美情感教育是一个综合的概念，包括审美关爱教育、审美理想教育和审美修养教育等。在审美实践活动中，审美情感从审美主体的实践活动中而来，同时又对审美实践具有能动的反作用，既指引其开展审美活动，又使其活动沿着规范化方向发展。

第一，审美关爱教育。根据马斯洛的需求层次理论，人的需求大致可以分为两大类，分别为物质需求和精神需求，而在审美活动中，人们通过对事物的鉴赏所获得的审美情感其实是一种精神需求的满足。不同于一般的审美认知教育对实用功利目的的侧重，审美关爱教育关注人的精神需求，以及人格与审美情感的契合度。

综观当下部分高中学校在培养学生的审美情感方面的一些实践可以发现，学校审美教育的重点和难点在于如何发展和建设学校美育。就部分学校而言，大概包括两个方面：首先，组织多种多样的社会实践志愿服务活动，如爱心敬老、爱心助残、爱心募捐、社区公益等，在参与这种公益性质的社会活动中，学生不仅可以培养自身的优良思想素养，同时可以获得独特的情感体验与情感共鸣；其次，充分利用学校的美育课堂，让学生的高尚人格在和谐的学校氛围、优良的学校文化等的熏陶与引导下得以沉淀。总之，高中学生的人格养成是教育的核心内容，要坚定地培养学生的审美情感方向，在多种样式的社会实践活动中，引导学生关爱家人、关爱同学、关爱师长、关爱其他社会成员，以高尚的思想道德、良好的行为习惯、积极的团队合作意识投身社会活动。同时，在日积月累的实践过程中，将这种具体的行动上升为精神境界和人格品行，即促使学生树立关爱意识、团队意识，从而健全学生的自我修养。

第二，审美理想教育。审美理想是人的审美意识最高层次的体现，是人们对于美的最高要求和愿望，它以审美经验为基础，并以此为出发点进行了高度凝练与总结。意识来源于实践，并对实践有能动反作用，作为意识层面的最高审美体验来呈现，审美理想同样源于社会实践，是人类在从事社会生产过程中从现实中进行思考，从思考中产生理想，从实践中实现理想的过程中概括出的共同愿望。同时也由于这种在审美经验基础上的升华，决定了审美理想与一般理想信念的不同之处，即审美理想具有一般逻辑概念所替代不了的地位和有经验性的形象特征。但是，审美理想的表现要通过以审美理想来反映现实的艺术媒介来实现，只有这样，才能赋予审美理想"物质化"的属性，才能为社会大众所接受。

从表现状态的角度来看，审美理想这种审美经验和艺术直觉主要潜藏在审美主体的内心，并不是外化于行的逻辑状态。这一点上，康德曾提出审美理想在确定审美主体、开展审美实践、评价审美实践方面的方向性、指导性和基础性作用。培养当代学生积极向上的审美理想之所以具有举足轻重的重要意义，就在于审美理想对审美认知具有深远的影响力，是衡量审美认知的重要标尺，而科学审美理想的建立与培养对高中学生健全人格建立的意义就在于它对认知活动的导向性作用，即引导认知活动朝着审美理想的标准和方向进行。

第三，审美修养教育。修养是人的道德品质、综合素养、外表形象、知识水平与能力等多方面的统一体，审美修养教育是将审美教育与受教育者审美心理结构的搭建进行有目的、有意识的融合和转变的过程,即由审美他育转变为审美自育,因此,审美修养教育是审美教育所预期实现的一个重要目标。我国的审美修养教育自推行以来,就拥有坚实的文化基础和现实影响力,并且在众多美学思想家的不同审美教育理念的指引下,对于提升高中生的个人修养发挥了重要作用。

审美情感教育的内容就是要为学生自我形象修养、内在气质修养的培养,以及正确的审美修养标准的认同感培养提供科学的方向和方法引导,并在对审美修养标准的认同感作用下完善自身行为,形成具有人格的审美影响力。在审美修养的培养方面,不同于德育以强制性的道德观念灌输来使学生获得某种道德标准,审美教育以对个体个性的尊重为出发点,特别强调氛围对学生审美修养的潜在影响和激发学生主动培养自身修养的积极性,以此为基础,不断改善自身行为,提升精神境界,在散发独特魅力的同时,收获大众的认可与尊重。

(3)审美实践教育

审美实践教育的方向在于促进完整人格的形成,这一方向实现的途径就是以感性的发展来推动其向审美情感教育的转变。感性是美育的起点,具有现实性和艺术性双重属性。感性发展的层次同样有两个方面的体现:首先,满足与解放感性要求;其次,提升与塑造感性。与之相对应的,审美实践教育也包括主体的审美体验和审美创造等内容。从本质上而言,审美实践其实是人的实践活动,这种自主实践以最直接、最集中的方式将美的内涵进行了展现,并以对自由的体验自主进行审美创造。作为功利与超功利的统一结合体,审美实践教育既体现了美的无功利性,又体现了美的功利性,即实现人格养成。

从生命的角度而言,人的生命具有自然性,人在生活与社会活动过程中会萌发自然需要。但是,人的感性生命会在人类进化中被理性所规范,进而成为社会文化的内容,赋予感性生命更多的内涵。因此,人们通常说的"人的感性能力"其实是一种社会人的感性能力,即这种感性能力体现着认知力、理解力、判断力等理性要素。

审美教育的过程是以审美形式使人的感性得到解放、人的文化得到提升,从而使深层心理活动的非理性因素得到激发。在审美实践教育过程中,要坚持两个基本原则:首先,以学生的基本感性需要得到满足为出发点。其次,以学生的感性能力提升为落脚点。这两个基本原则之间存在着密切的联系,感性需要的满足要以感性能力的提升为前提,感性能力的提升可以满足学生的感性需求,同时激发学生更多、更高层次的感性需求。现阶段我国的美育实践侧重于对学生实践理论的教学,而对学生的审美需要、兴趣和个性的关注度尚显不足,进而导致学生的感性需求得不到满足,学生的感性能力得不到显著提升。当这种情况在现实中发生时,学生为了自身感性需求的满足和感性能力的提升,不得不寻求校外帮助,因而学生的感性能力会带有一定程度的大众审美倾向。

发展学生的感性能力是学校美育实践的首要任务，要达成这一目标，首要的一点就是要依托于直观的审美形式，尊重学生的个性发展。之所以要坚持这一根本方向，主要在于感性与个性是相互联系的内在统一体，没有个性，感性便无从谈起，而直观的审美形式是人的感性因素得到充分自由表达的窗口；换言之，只有做到这两点，人的感性才具备了培养、发展的条件。具体而言，通过美育实践促进人的感性发展要做到以下几点。

第一，尊重和培养个性。在美育中非常重要的一点在于，要建立美育与现实生活和历史具体的个体之间的联系，也就是将感性融入美育过程。这是因为，感性是个性的一部分，美育作为一种感性教育，其最基本的宗旨就是尊重和发展学生的感性，也就是尊重和发展学生的个性。概括而言，审美教育是尊重、建构、强化学生个性的本体意义的最重要和效果最明显的选择，这也是美育区别于德育、智育的重要内容。因为，相对于美育，德育强调的是适应于大多数人的道德规范，这种规范的建立在于指导人的个性建立的实践；而智育从根本上尊重和保护个体对未知世界的好奇心和探索欲。尽管如此，不同个体呈现出的不同的对于这个世界的把握都将与客观存在的某一真理相贴合、相联系，或者相一致。作为一项感性活动，在审美主体和审美对象的选择上，审美都十分强调个性化、具体化、生动化的眼光、感受、体验、直觉与洞察。

第二，尊重学生感性需要，完善学生感性机能。人的感性机能是人们开展艺术审美活动、获得审美感受的重要媒介，是以情感为核心，又超出情感体验之外的能力，既包括感官层面的机能，如感觉、知觉等；又体现在情感体验层面，如想象、情感等。感性是一个包括心理和生理两方面内容的综合概念，在感性教育层面，其教育核心诚然表现为心理机能的完善，但是生理机能的完善仍旧是其最重要的组成部分。这是因为，健全、完善的生理机能是人们开展一切社会活动和实践活动的基础，在人们进行艺术审美实践方面发挥着不可或缺的核心作用。从这个角度来看，在开展艺术审美活动时，要重视对人的生理机能的完善，尊重学生的感性需要，凸显人性和人格关怀。

第三，形成良好的审美趣味与审美观念。相对于理性教育对逻辑结论的侧重，感性教育重点在于把握对象内蕴。但现阶段我国的教育现状是智慧教育占据绝对的主导地位，在这种教育模式影响下，人们看待世界的方式是通过概念和推理，而从实践和体验中获取对世界的直观感知相对要薄弱许多。而事实上，这种直观获取对世界整体感知的方式，要比从概念获得的内容要具体、意识更丰富、影响更深远。这种感性教育在人们用单一的理性认识来感知世界的环境下具有一定的必然性，感性认识的培养和感性认识的直观作用发挥越发显得重要。基于此，可以将美育的实质理解为一种感性教育。

第二节 高中校园文化中的美育分析

一、美育在高中校园文化中的生态环境构建

（一）美育在高中校园生态环境中的设计

传统的校园设施布局是将教学区、学生宿舍区、运动区等各种设施相对独立，布局分散且各种设施之间交通时间较长。当学校规模逐渐扩大的时候，必然导致部分教学设施之间距离过大，造成学生在日常的出行过程中时间过长，校园部分时段人流过于集中，部分服务设施使用不便等问题。校园环境的生态性要求校园在规划自身教育设施时，要完善各种教学、生活设施，使之合理搭配。新的校区规划理念打破了传统的校园功能分区方式，引入"组团型"的校园功能布局模式，每个组团都具有学习、生活、运动等各项功能，以避免造成学生因住宿、运动、学习而必须穿梭于整个高中校园的局面，使学生的出行在每个组团内就可以完成，使学习、生活的节奏明显加快。因此，环境设施的合理化、人性化，是使校园与人之间保持一种良好和谐关系的重要手段。

校园环境不仅要有规划理念，还要考虑其他诸多因素，使校园、人、自然三者真正处于生态关系之中，从而使校园文化从校园的各个方面都能得到体现。

1. 自然化与城市化

校园环境设计应该与所在城市文化特点相符，将校园作为城市功能的一部分，充分利用城市设计资源，使校园环境设计达到自然化与城市化的结合。在保留原有自然地形地貌的基础上，因地制宜地进行校园功能布局，使校园建筑、水体、绿化有机共生，形成景观优美的校园生态环境，营造和谐的校园环境。与此同时，也应注意校园是城市的一部分，校园与城市交流对于学生的学习、生活、实践等都起着重要的作用。城市的交通、能源、通信等现代化资源对于校园的建设作用不言而喻。因此，可以通过自然环境与现代科技的和谐营建，使校园体现出一种现代校园的自然特征与城市特征。

2. 地域性与艺术化

地域性不仅表现在自然地理位置、自然环境气候上，还表现在地域文化、风俗等方面。校园建筑文化是构成校园文化的一部分，校园建筑群应该体现出地域特色，表现出地域文化。校园建筑设计要既融合时代因素，又吸收地域建筑的特点，创造出具有地域文化

和时代特征的建筑作品，营造新校区的文化特征，突出标志性和独创性，创造现代化的校园建筑文化景观。另外，校园环境的艺术化对陶冶学生的审美情趣，协调教学之间的关系起着重要的作用。从审美的角度来看，校园环境要按照美的规律规划、设计，包括建筑的布局、校园的绿化、环境的布置等都要符合整洁、和谐、美观的要求。明亮、整齐的环境可以缓解学生的消极心理，释放他们紧张的情绪，使学生在学习的同时，也能以观赏的态度认识生活，激发学生用自己的智慧去美化生活。

（二）美育在高中校园生态环境中的系统构建

审美能力的培养是在环境教育作用下逐渐发展起来的，环境因素是学校美育系统中不容忽视的成分。美化环境对于学校美育工作起着潜移默化的作用，校园环境主要包括以下两个方面。

1. 校园的自然景观

校园的自然景观大多与校园的地理位置相关。自然环境是校园环境的基石，保留自然环境中的山水体系，使人容易感受到自然的气息。天然的自然景观具有一切人工环境所不具有的审美功能。自然状态代表着人类理想的生活状态，如海德格尔所追求的"诗意地栖居"，似乎自然境界与人生境界有着某种神秘的联系。自然景观营造的审美意境是其他环境所不能替代的。因此，学生不仅要回到大自然中领略自然的秀色，也应该重视和保护校园自然景观，回归自然，从而体验内心的"本真状态"。

2. 校园的生态建筑

校园建筑群多是围绕教学活动目的建设的，但建筑本身就体现着一种艺术美和文化美。生态建筑的提出不仅是基于人们对环境生态问题的深刻认识，也是人类理想意志的产物，它以校园与自然平衡作为发展基准，把人作为自然的一员来重新认识和界定自己及其人工环境在世界上的位置。另外，生态建筑不仅提倡自然与建筑的和谐，更提倡建筑与建筑之间的和谐，这种和谐不仅可以体现在建筑造型、色彩上，也可以体现在建筑群作为整体形象所反映出的造型艺术和文化内涵上。同时，建筑群之间合理的布局使建筑功能形成一种良好的协调关系，这也是生态建筑的重要内涵。总之，校园的生态建筑布局既有满足教学、科研、生活需要的实用功能，又具有审美价值。

二、美育在高中校园文化中的人际关系构建

教育的本质应该是促进人完成社会化、开发个体潜能的社会交往实践活动过程。教育在人的社会化过程中引导和培养受教育者成为符合社会规范、具备各种品格和才能的人。

在教育活动中，教育者和受教育者需要共同参与，完成交往实践活动过程，师生的交往就成了教学活动的核心关系。当然，从整个校园出发，校园的各种关系远不止于此，教师之间的交流、学生之间的交流、管理者与被管理者之间的交流，甚至网络文化、远程教育中的交流，都是构成校园人际关系的组成部分。因此，校园人际交往关系从自身需求出发，可大致分为以下三个方面。

第一，教师间的人际关系。教师间的交往是良好的校园文化建设的重要组成部分，且具有极强的主动性和创造性，教师间的人际关系有利于科研、教学的交流，教学水平、学术研究水平的提高，也增强了学校的活力和学术氛围。

第二，学生间的人际关系。学生间的人际关系表现在学生的各种组织和学生的自我管理上。这两种关系是不同的，前者依托于一定的组织形式，以组织管理的形式进行着活动，在这种组织活动中，学生的社会实践能力得到极大的提高，有利于对学生社会性的培养。

第三，师生间的人际关系。师生间的人际关系是校园人际关系的主要组成部分。师生间的人际交往不只是体现在具体的教学活动中，尽管现在提倡教学中的师生平等地位，但在这种场合中师生交往往往达不到真正交流的目的。

第三节　高中美育教学价值及其考核管理

一、高中美育教学的价值分析

从高中学校美育育人的角度看，学校美育教学的价值可归纳为以下四个方面。

第一，通过美育教学培养和提高学生的审美能力。审美能力是现代人综合能力素质中非常重要的一部分，它直接影响着人的生存和发展。"通过美育，培养提高学生的审美能力，这是手段和目的的必然。"①

第二，美育教学可以培养学生创造美的能力。人们对美的创造能力是人的创造性思维的综合体现，从事任何职业的人所做的任何事都体现着从事者美的创造能力。不论农民田园耕作，还是工人加工器件等，都蕴含着其个人美的创造能力。不同人的审美要求和创造能力与其青少年时期的审美教育关系极大。

第三，美育教学可以促进学生思维能力的升华。学生在学校接收到的知识是以应试升

① 钟谷. 中学美育及其考核初探［D］. 武汉：华中师范大学，2003：4.

学考试为主的，这些知识是以概念、规律、规则和方法的形式进入学生脑海中的，不少人是以背记的方法学到的；较少人学会把相关的知识，尤其是不同学科的相关知识融会贯通；而把所学的知识用于观察社会，体会和分析生活并把它运用于生活的能力较弱。

第四，美育教学可以促进学生的和谐发展。美育不仅是一个独立成分，它对德、智、体、劳还能起到催化作用。美育是一种情感教育，具有以美育人、寓教于乐的特点，可以通过美的形象，引起学生情感的共鸣，使学生在愉悦中不知不觉地接受了美的熏陶，获得了知识，形成了良好的品德习惯，使身心得到了全面和谐的发展。

二、高中美育教学的考核管理

目前，改善高中学校美育，逐步建立一套较完善的美育考核机制，是改变当前高中学校美育的关键。学校要把美育教学真正列为自己的必尽责任和义务，其内部必须有保障其完成任务的制度。

第一，学校对全校的美育教学应制定系统完整的教学方案，方案应对各个年级的美育教学有明确的教学目标和分期内容的要求。美育教学不仅仅是音美课程的事，还应涉及语、数、外、政、史、地等相关科目及校外活动，所以这种教学方案应是学校统一地按照教学目标分解到有关教研组和年级组、落实到班主任和任课教师。这种方案除了要有明确的教学目标，还要规定学生的美育学习分阶段所必须达到和掌握的美育知识和能力。

第二，逐步形成美育教学的内部管理和激励机制。对于从事学校美育教学的教师应有有效的管理办法和激励机制，无论从精神上还是经济上，都能提高教师教学的积极性；从学生的角度来看，学生的兴趣也会比之前更为浓厚。

第三，学校应把美育作为一种教学手段实行单独的定位管理考核。把美育教学当作一种手段应该是每一个高中教师的职责。学校应该通过评估评比和推广优秀等手段予以激励和推动，也应该作为教学任务规定给所有从教人员，并就美育方法、应用予以评估。

第四章 高中信息化教学管理创新

第一节　高中信息化教学管理的体系

一、高中信息化教学管理体系的现实意义

构建高中信息化教学管理体系，是顺应社会发展趋势，满足高中实现现代化发展需求的基础条件。因此，在全球信息技术快速发展的新形势下，加强高中信息化教学管理的建设，具有极其重要的现实意义，具体体现在以下四个方面。

第一，信息化教学管理体系的构建，是提升管理水平、适应社会发展需求、推动高中教学改革发展的必要条件，能够为我国教育实现可持续发展提供优质的服务与必要的保障。

第二，信息化教学管理体系的构建，能够有效地提升高中教学资源的整合与优化，是达成使用效率最优化的必要途径，进而为全面提高教学质量提供必要的助推与保障。

第三，信息化教学管理体系的构建，能够有效地提高教学管理者个人管理水平与信息素养。通过对数据平台的合理运用，确保教学管理者之间信息交流与沟通的畅达，有助于教学管理者掌握现代化教学管理的技能，促进其综合素质能力水平的全面提升。

第四，信息化教学管理体系的构建，"在提升教学管理档次与水平的基础上，推动高中教学向着管理科学化、质量监控规范化、教学手段多样化以及教学资源共享化的目标发展"①。

二、高中信息化教学管理体系的建设路径

第一，以信息化管理理念为导向，促进教学管理思想的转变。教学管理是一个集教学计划管理、教学目标管理、教学过程管理、教学质量管理、教师队伍管理、学生学习与日常生活管理以及各种教学档案管理等诸多管理内容于一体的完整体系，是规范教学活动正常开展、促进教学目标顺利实现的重要保障，在教学体系中扮演着不可或缺的角色。

---

① 李慧. 构建高校信息化教学管理体系的作用及途径 [J]. 佳木斯教育学院学报，2014（2）：145.

第二，强化管理设施的建设，为管理体系的构建奠定坚实的基础。首先，要建立起依托信息化技术的数据管理平台，对教学计划、教学大纲、课程安排、教材信息、师资信息、学生信息以及教学档案等诸多教学管理资源进行有机的集成与整合。其次，加大信息化教学管理设施建设的投入，在引进国内外先进技术设施的基础上，各学校应注重对适用于教学实际的管理软件的研发与运用，以期实现对管理系统的不断升级与提档。最后，建立完善的教学管理制度，用以推进与维护信息化教学管理体系构建的发展与完善。教学管理制度是对教学管理行为的规范与约束，是提高管理效率、实现管理目标的重要准则。信息化教学管理制度的制定，能够有效地满足学校教学管理实现标准化、程序化、规范化以及效率化发展目标的需求，进而推动与维护高中信息化教学管理体系的不断发展与完善。

第三，注重学校教学管理队伍素质能力的培养，全面提高管理水平。组建一支具有较高素质能力的教学管理队伍，是实现信息化教学管理体系趋于完善的重要基础。相对于高中学校而言，在实现管理理念转变、基础设施建设的基础上，还必须培养与引进一大批精通信息化技术、具有丰富的管理经验，以及具备创新意识与高度责任心的管理人才，用以充实与提升高中教学管理的整体水平。这就要求各学校应本着自身培养与外部引进相结合的原则，对内实施专业技术的培训，对外开展人才、技术以及理念的引进，以便于促进和维护高中信息化教学管理体系的实效性与发展性。

第二节　高中信息化教学管理的模式

一、高中信息化教学管理模式的现状分析

高中信息化教学管理是先进的管理模式，在各行各业都在极力发展信息化建设的阶段，高中学校在教学管理中也逐步深入对信息化系统的建设与落实。可以明确，在合理配置教学资源，以及组织相应的教学活动时，信息化系统切实能够起到提高教学管理效率的作用。尤其对管理信息的收集、整理、编组、汇总、分析、存储、传递等，都在很大程度上提升了教学管理的便捷性。因此，我国多数高中学校都在加快信息化建设，虽然多数学校开展了信息化建设，但从实际应用情况分析，其对教学管理的效率提升较为有限。究其根本因素有两个方面。

第一，部分信息化管理系统并非学校专用，因此，在信息化建设的过程中，信息化系统的适用性与功能性都须完善，其专业度也有待考量。

第二，部分信息化系统建设过快，当教学信息在传递时，往往无法形成有效的对接，

从而形成了信息孤岛的客观问题。

基于以上两点分析，即便多数高中学校实现了信息系统的构建，但在实际使用阶段，仍然存在较大的问题，为了完善高中学校在实践中对教学管理信息化系统的实用性，必须进一步地探索信息化管理的发展路径与优化方法。

二、高中信息化教学管理模式的构建对策

（一）树立现代信息化管理理念

高中信息化管理系统能否在学校顺利发展并逐步完善，必须以现代的信息化管理理念完善对教学管理模式的信息化、规范化以及网络化。如果盲目依赖信息化系统自身的功能性而不思进取，只能让信息化系统沦为摆设，根本无法实现高中教学管理模式真正的信息化进程。因此，学校必须摒弃传统的应用方式以及建设理念，以对信息化系统的辩证思维构建其使用方式，从而完善信息化系统在学校教学管理模式上的更新与升级。

（二）拓展信息化系统功能模块

拓展现有的信息系统功能模块是完善教学管理模式的必然趋势，而从高中教学管理功能上划分，其主要优化的功能模块包括两个方面：一方面，在师资管理模块中，需要进行网络化设置，将教师信息上传到信息化教学管理系统中，并将专业教师的教学规划妥善安置，便于学生查询，才能有助于专业教师的相关课程被所有学生所熟知；另一方面，学生个人学籍管理模块，也需要进一步优化，包括对学生的奖惩与学习进度考核等方面。在实际管理过程中，多数学校并未重视对学生除专业之外的教学管理，从而导致学生部分突出才能没有发挥，也造成了一定的个性化培养限制。因此，在对学生的教学管理中，其信息化的主要方向是为学生提供更多的学习空间，以便促进学生的全面发展，并以应用型人才的发展模式发挥出信息化教学管理的实质性。

（三）优化信息化教学管理模式的实用性

优化高中信息化教学管理模式的实用性，是其对教学事务管理效率的落实。那么在完善信息化教学管理模式的过程中，其根本目标即为提高实际的教务管理效率，而提升效率的本质就在于能够发挥出多少实用性。当信息管理系统实用性较低时，教学管理内容的不对称与不平衡等问题都会凸显出来。因此，必须以教学管理信息化系统的实用性功能为主旨，进行相关系统的升级与优化，其中需要着重处理的是对教学课程的优化建设。尤其在课程简介、开课学校、课程性质、课程归属、周学时、总学时、学分等方面，需要进一步

完善其课程信息的代码管理与针对性建设，从而引导学生及时收集课程信息，完善学习规划。同时，以教学任务为主体，要求所有教师都能够在有限的时间内，对教学管理提出系统的建议或者改善方向，并以实际教学效果与应用效果为参考，规划自身对教学管理模式的思考，这样才能为教学管理模式的信息化建设提供借鉴方向，并在不断完善的过程中，逐步优化信息化教学管理模式的实用性。

综上所述，信息化教学管理模式是当前学校发展与完善的重要趋势，而信息化建设并非一蹴而就，必须以不断优化的配置或升级促进其功能性提升。

第三节　高中信息化教学管理平台建设

一、高中信息化教学管理平台的构建意义

第一，搭建高中信息化教学管理平台能够促使学校教学管理工作变得更加高效。互联网时代下，"学校需要管理的教学信息越来越多，搭建信息化教学管理平台，无疑会让学校教学管理工作更加高效"[①]。

第二，搭建信息化教学管理平台能够使学校教学管理工作更具有价值。信息时代下，信息价值的高低取决于使用者的视角和使用方式。学校通过搭建信息化教学管理平台，能够充分发挥教学管理信息的价值。学校教学管理平台对信息的应用不仅仅体现在信息收集方面，还体现在信息整理、信息分析、信息鉴别与选择等方面。完成这些信息处理工作后，教学管理信息的价值便凸显出来。

总之，搭建信息化教学管理平台并对其进行良好的运用，将会促使学校教学管理工作更加契合时代发展，同时有助于学校自身的进步和综合实力的提升。

二、高中信息化教学管理平台的建设路径

在平台建设方面，学校需要扩大信息化基础设施规模。搭建信息化教学管理平台，购入符合时代背景的硬件设备和操作软件是必不可少的。为此，学校领导层应当重视起来，加大资金投入力度。财政部门要践行好自己的职责，根据学校的实际情况制定适合的资金配比，购入足够数量的信息处理设备和各种办公软件，推进信息化教学管理平台的搭建工作。除了要购入一定数量的设备外，学校还需要做好平台建设的维护工作。学校可以为有

---

① 张莉云. 高校信息化教学管理平台的建设与应用［J］. 教育信息化论坛，2021（5）：39.

需要的管理部门建立标准化的信息处理机房，方便该管理部门进行信息存储和处理；还可以聘请专业的平台维护人员，定期做好平台系统的维护工作。扩大信息化基础设施规模后，学校还需要在教学管理平台建设过程中，促使平台的内容设计做到全面化、合理化。为此，学校领导层需要组织校内各管理部门进行联合商议，明确本校信息化教学管理平台的内容和功能，然后聘请专业的信息化工程师来指导本校信息化教学管理平台的搭建工作。此外，学校还可以与社会上的科技公司进行合作，为本校搭建一个内容全面的信息化教学管理平台。

三、高中信息化教学管理平台的应用创新

在平台应用方面，学校要加强教学管理人员的培训工作。高中学校教学管理人员只有不断提升自身的平台应用能力，才能应对新形势下的教学管理挑战。因此，学校需要在校内开展培训工作，提升教学管理人员的平台应用能力。一方面，学校要引导教学管理人员树立正确的工作态度和意识，使其明确教学管理工作的重要性，并在此基础上提升教学管理人员的信息化平台应用意识；另一方面，学校要对教学管理人员的信息化专业知识和技能进行培训，让大部分教学管理人员都能熟悉信息资源的存入、调出等操作。部分教学管理人员还需要掌握数据分析等更高级的信息化平台的使用技巧。

另外，高中学校需要针对信息化教学管理平台制定一套完善的规章制度，以确保平台的应用能够安全合理。学校领导层应当协同相关管理部门联合制定硬性的管理规范，并将管理规范和相关制度在会议上传达给各部门工作人员。该规章制度需要明确好各管理部门的权责，以及平台引用的权限。同时，学校还需要设置监督巡查岗位，确保平台不会因被恶意使用而导致教学管理信息的丢失或者失窃。只有建设一套符合时代要求的平台使用规范，学校才能将信息化教学管理平台的作用更好地发挥出来。

第四节　高中信息化教学管理的创新策略

高中信息化教学管理的创新策略可从以下三个方面进行探讨。

第一，加强思想认识，树立信息化教学管理理念。对于学校而言，管理者的教学管理理念会直接影响工作落实成效，因此，高中在开展信息化教学管理的过程中，需要加强信息化建设宣传，促使管理者与教职人员树立起信息化教学管理意识，及时转变传统的教育理念，积极寻求各方支持，以便推动信息化教学管理工作的顺利开展。同时，学校要对学科教学管理过程中涉及的教学理念、教学模式、教学方式等进行全面分析，引导教师及时

学习新的教学方法，与时俱进，在实践中加深对信息化教学管理意义的认识。除此之外，学校还要积极走出去，主动学习其他学校在信息化教学管理方面取得的成功经验，再结合自身实际情况制定切实可行的措施。

第二，建设教学管理信息系统与信息化校园管理平台，结合实际情况制定管理制度。在信息化时代，信息网络技术发展迅速，并在教育领域得到了广泛应用，这对高中教学管理工作而言既是机遇也是挑战。高中学校应抓住这一机遇，积极应对挑战，充分发挥优势，以信息技术为支撑，积极开展教学管理信息化建设，不断提升教育教学管理的信息化水平。例如，教学管理过程中涉及非常多的管理信息，要确保教学管理效率，学校就需要建立科学的教学管理信息系统，同时还要充分借助现代化技术与控制手段，建设一个全覆盖的信息化校园管理平台，实现校园内部信息的快速准确采集、收取与传递，提升信息处理效率，确保教学管理工作高效开展。在推进信息化教学管理过程中，各学校要全面分析自身的实际情况，合理制定与信息化教学管理相适应的规章制度，并在实施过程中进行动态更新、完善，以确保信息化教学管理有序开展。

第三，推行效益管理，完善激励机制与评价体系。高中学校的运行管理工作体量较大，但信息化教学管理的经费有限，这就要求学校在管理工作中协调处理涉及的各方关系，将效益管理融入信息化教学管理，增强信息化教学管理成效。需要注意的是，信息化教学管理工作并不仅仅是教学管理方法的变革，实质上更是对教学管理体系的创新，如果没有建立与之配套的公平公正的评价体系，给予那些为信息化教学管理提供支持的工作人员以相应的奖励，将会挫伤他们的工作积极性与创造性，从而影响信息化教学管理工作的开展。因此，学校要建立科学合理的评价体系，配套相应的激励机制，充分发挥工作人员的积极性与创新热情，促进信息化教学管理水平与质量的提升。

教育信息化工作推行伊始，教育领域改革工作就将其放在一个非常重要的位置，对其寄予了非常高的期望，而且在教学改革中也有众多专家、学者提出了自己的观点与看法，极大地促进了教育信息化改革工作的进程。但要注意的是，如果不能正确应用信息化技术辅助教学管理工作，信息化教学管理就很难取得理想效果。因此，"在改革过程中，学校应实事求是，具体情况具体分析，充分发挥信息化教学管理的优势，推动教育信息化发展"①。

---

① 王作圣. 高中信息化教学管理优化策略摭谈 [J]. 新课程研究，2020 (23)：2.

第五章 高中教学管理的创新应用研究

第一节 高中教学管理中的多媒体技术应用

多媒体技术在高中教学中广泛应用，实现了更加生动化、具象化的课堂建设，从而能够实现更加直观化的教学内容的展示，但我国目前在多媒体教学中仍然存在着很多的问题及不足。为了能够更加有效地发挥多媒体教学的价值，下文对此提出了一系列的开展及应用策略。

一、高中教学管理中的多媒体技术应用价值

第一，有效提高学生的学习兴趣和积极性。多媒体信息技术在高中教育教学中的有效应用和融合，对于不断推进高中教育教学的发展有着重要的价值意义。多媒体信息技术在高中教学中的创新性模式应用，可以更加有效地突破传统教学模式中的束缚和不足，不断推动现代高中教学课堂的现代化、多样化、功能化发展。同时，多媒体信息技术在高中教学中的有效应用，还可以利用新颖的教学表达方式来不断提高学习和教学过程中的趣味性，不断激发学生的学习兴趣和学习热情，从而有助于推动学生对所学知识内容的深化理解和认知，营造出更加活泼、自由、开放的教学环境，并最终实现高中教学质量和教学效果的有效提升。

第二，不断提高教学资源的有效利用。多媒体信息技术在高中教学中的有效应用，还可以实现对教育及教学资源利用效率的提高。互联网信息化环境下的多媒体技术中包含着诸多的学科学习资料，因此，任课老师可以利用多媒体技术来搭建起一个知识共享的教育平台，使学生能够将自己收集到的有价值的学习资料通过多媒体技术平台进行共享和交流，从而更加高效地搜索和查询自己所需要的学习资料，以更加方便地进行反复性学习。

第三，有效推动高中教学模式的改革。多媒体信息技术的应用，有助于推动以学生为主体、教师为引导者的现代化课堂的有效构建，从而突破和改革以往传统的教学模式，充分建设和营造出互动化、开放化的教学模式，任课老师也由课堂教学的权威性中心逐渐转

变为学生的引导者和帮助者。此外，多媒体信息技术的有效应用，也进一步推动了教学媒体定位的变革，使之不单单是课堂教学的讲解工具，而是同时充当了学生对知识进行了解的认知工具。从而推动学生由传统课堂中被动性接受知识向更加主动化地探索知识进行转变，帮助学生对学科知识进行更加深层次的理解和掌控。

第四，促进高中教学形式的变革。多媒体信息技术在高中教学课堂中的有效应用，能够使学科知识更加生动和直观地向学生进行展示，从而帮助学生对所学知识体系建立起清晰的理解和认知。首先，多媒体信息技术的应用，将以往单调的板书教学展示，转变为视频、图片、音频、文字等动态化的教学展示形式；其次，生动化、形象化的教学展示形式，可以有效地调动起学生在课堂学习中的积极性和求知欲，推动教学成效的不断提高；最后，多媒体信息化技术的应用，打破了传统课堂中对教学时间和教学空间的限制，使学生能够随时随地地根据自己的实际情况需求进行多媒体仿真课堂的学习，从而不断提高学生的自主学习能力。

二、高中教学管理中的多媒体技术应用策略

第一，多媒体技术在教学方面的应用及开展策略。任课老师要充分、深入地了解和分析学科的教学内容，整理和构建出与教学内容相关的完整化的知识结构体系，从而保证课件制作的科学性和合理性。此外，课件的制作要注意在实质性内容上多下功夫，切忌太过花哨、太过形式主义，以免过于分散学生的注意力，阻碍学生对学科知识的理解和学习。此外，课堂教学课件的内容制作中，除了讲解性的内容之外，也要注意纳入部分课堂练习的内容，从而帮助老师得到和收集学生学习的有效反馈，及时掌握学生的学习情况和学习需求，以随时调整课堂节奏，不断提高课堂教学质量。

第二，多媒体技术在教学管理方面的应用及开展策略。所谓教学管理，主要包含着对教学目标、任课老师以及全体学生等方面的管理。而教学目标要根据学生的实际学习需求、学生的基础知识掌握水平等进行制定和规划，从而保证多媒体技术的应用也要以完成和实现对学生的教学目标为要求和指导。在高中的学科教学中，学生之间往往存在着知识水平上的较大差异，对此任课老师针对水平及基础较好的学生，可以在多媒体网络中搜索和整理出针对教学内容而言更高的目标要求；而对于水平及基础较差的学生，任课老师也可以利用多媒体网络搜索和整理出一些较为简单的巩固性的练习题目。

第三，多媒体技术在教学资源库建设方面的应用及开展策略。信息化快速发展下的高中教学环境，为不断丰富教学资源提供了十分便利的条件，可以不断推动和帮助任课老师实现对新鲜知识、先进教学经验等的学习，并且不断促进学生自主学习能力的培养。教学资源库的建立，主要包括与教学知识相关的文字、图片、视频等内容，任课老师还可以根

据不同的知识点、学生的学习水平等进行不同难度和等级的知识练习题库的建设，使学生可以自由地下载、学习和进行自我学习检测。

总之，随着教育及教学改革的不断深入和发展，多媒体技术已经成为高中教育教学中不可或缺的教学手段之一，能够有效弥补和突破传统教学模式的束缚，不断推动教学质量和教学效率的提高，应引起任课老师的广泛重视。

第二节　高中教学管理中的微格教学应用

微格教学的英文为 Micro Teaching，又译为微型教学、微观教学、小型教学等。微格教学是以现代教育理论为基础，根据反馈原理与教学评价理论，以受训者掌握某一特定教学技能为目标，以微型班为教学对象，利用先进的现代媒体技术培训教师教学技能的活动。它是将复杂的教学活动细分为许多易于掌握的单一技能，在有控制的现代视听教学环境中逐个开展示范观摩—训练—评价—再训练，以提升受训者的教学技能水平。

一、高中教学管理中微格教学分析

（一）微格教学的特点

在高中微格教学过程中，强调技能的分析示范、实践反馈、多元化评价等环节，因此，微格教学具有如下特点。

第一，训练技能单一。微格教学是将复杂的教学活动细分为一项一项的技能，每次课只训练一种教学技能，集中对某一项教学技能进行训练以便达到预期目的。

第二，训练时间周期短、规模小。在训练过程中，时间为 5~10 分钟，模拟学生以小组为单位，每组 5~7 人，从而提高训练效率。

第三，训练手段现代化。先观看优秀教学录像或浏览网络虚拟教学进行示范教学，然后，用录像机记录受训者的微格教学过程，之后，通过回放录像进行评价。

第四，反馈评价更科学。传统训练中的评价主要是凭经验和印象，带有很大的主观性，但微格教学的评价是通过回放模拟教师教学过程的录像，采用自我评价、同学评价、教师评价等多元主体进行量化质化评价，更客观、更科学。

（二）微格教学的系统

微格教学系统的主要功能表现在以下四个方面（图5-1）。

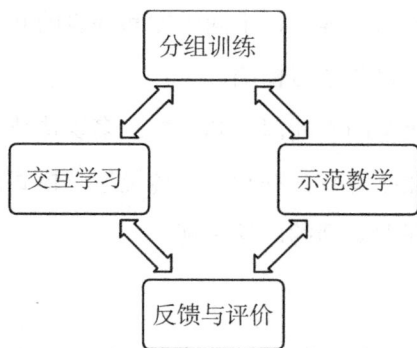

图 5-1　微格教学系统的主要功能表现

第一，分组训练。微格教室可以同时开展一组或多组微格教学活动，同时对一个或多个学生进行模拟教学（或其他技能）训练。指导教师确定训练目标，将学生分组到各自的微格教室，扮演不同的角色进行短时训练。

第二，示范教学。通过示范室，在开展微格教学前，指导教师先播放优秀教师课堂教学录像，为受训学生提供典型示范，让受训学生参照模仿。

第三，反馈与评价。在微格教室中，教师借助摄像监视系统可以实时掌握每一组学生的训练情况，在模拟训练结束后又能及时重播并将指导意见反馈给学生。此外，微格教学系统可以为学生提供多种形成性评价方式，可以是模拟教师通过重播自己训练的录像，肯定成绩，发现不足，进行自我评价；也可以是同组训练的模拟学生通过听课、一起观看重播录像，对模拟教师的教学情况进行讨论、分析和评价；指导教师也要对模拟教师的教学情况进行全面分析、评价并提出改进意见等。

第四，交互学习。在控制室内，指导教师可将某一微格教室的训练场景切换至其他多间教室的电视机上，同时向模拟师生进行同步评价，让各间教室的模拟师生相互学习讨论。

（三）微格教学的训练

微格教学训练模式即微格教学实践的一种理论性的简约形式。在信息时代，教师不仅要掌握传统课堂教学中以"教"为主的教学技能，还要学习现代多媒体课堂教学环境下的多媒体辅助教学技能；不仅要掌握传统教学模式下以教师为中心的教学技能，还要学习强调信息技术与课程整合的现代教学模式下以教师为主导、以学生为主体的导学技能。

1. 微格教学训练——前期准备

（1）信息技术与课程整合表现

信息技术与课程整合是指信息技术与课程的融合，而不是指信息技术与作为整体的课程的整合，这是我们理解其含义的着陆点。在系统科学方法论中，整合是指由两个或两个以上较小部分的事物、现象、过程、物质属性、关系、信息、能量等在符合具体客观规律或一定条件的前提下，凝聚成较大整体的过程及结果，以发挥更大的功能。信息技术与课程整合的实践层次，主要表现在以下六个方面（图5-2）。

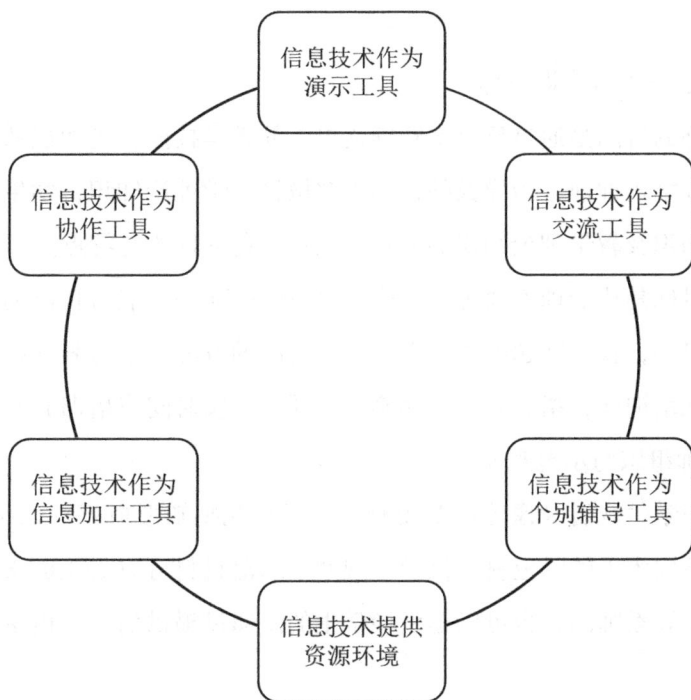

图5-2　信息技术与课程整合的实践层次

第一，信息技术作为演示工具。这是信息技术用于学科教学的最初表现形式，是信息技术与课程整合的最低层次，也是目前大多数基础教育所处的层次。教师可以利用Power-Point或其他多媒体制作软件，综合学科教学素材，编写多媒体课件；也可利用思维导图如Mod Manager等展示学科知识的关联性与系统性。

第二，信息技术作为交流工具。主要是将信息技术以辅助教学的方式引入教学，完成师生之间情感交流的作用。在互联网或局域网的硬件环境下，利用QQ、BBS、Chat Room、Blog等社交性软件对课程形式、待解决的问题、教师的优缺点等进行充分的交流。

第三，信息技术作为个别辅导工具。通过操练练习型软件和计算机辅助测验软件的应用，学生可以巩固、熟练所学知识，决定下一步学习方向，实现个别化辅导。

第四，信息技术作为资源环境。利用各种相关资源丰富封闭的、孤立的课堂教学，扩充教学知识量，主要培养学生获取信息与分析信息的能力。通过网络、搜索引擎等参考信息，收集相关学科资源。

第五，信息技术作为信息加工工具。主要培养学生信息加工与处理能力，以此内化所学知识。学生将收集到的素材通过自己擅长的信息表达方式进行重新加工，以PowerPoint、

Word 等工具进行集成。

第六，信息技术作为协作工具。基于网络的协作学习（CSCL）主要模式有竞争、协同、伙伴和角色扮演。采用视频会议系统、Chat Room、Net-meeting 等网络交互工具进行协作学习。

（2）微格教学训练与培训目标

微格教学训练的目的是通过反复实践细化单一的教学技能，进而能从事复杂的教学活动。在进行微格教学培训前，指导教师详细讲解微格教学理论知识，学生能建立基本知识框架，形成相应知识及教学理论知识的储备，熟悉角色的性质与特点。

微格教学的目标是让受训者通过小规模和短时间的演练，能对自己的教学能力有一重新审视并改进的机会，找出问题的关键点与可能解决的方法，学习教学技能，使受训者对教学更有信心。在培训前，指导教师应明确这次课或这段时间应培训的教学技能目标。

（3）指导教师组织与示范观摩

指导教师组织学生观看录像等示范视频，通过直观感知形成感性认识。针对该技能，选择不同角度、不同水平的示范材料供学生观摩。示范材料可以是正面素材，也可以是反面素材；可以是指导教师的，也可以是引导学生的。通过提供仿效、借鉴达到让受训者了解这么做的目的。

2. 微格教学训练——角色扮演

第一，创建微型课堂。以小组规模 5~7 人为单位，课堂包括三种角色，即教师角色、学生角色（由受训者所在小组的同学 4~6 人组成）、教学评价人员（学生 1~2 人）。

第二，角色扮演。在微型课堂，受训者练习一种教学技能，时长 5~10 分钟。在正式上课前，受训者要对训练技能种类进行简短说明。微格教学实践时间虽短，但也是一次完整的授课，因此必须具备六大基本要素，即，BOPPPS 模式：①导入（Bridge in）。一节课的开头，目的是强烈地吸引学生的注意力，诱导学生产生强烈的学习动机和学习动力。②阐明学习目标（Objective）。明确告知学生通过这节课能够掌握哪些知识。③前测（Pre-Assessment）。在开始上课前，做一诊断性评价，了解学生对该课程内容的理解程度。④参与性学习（Participatory Learning）。这是课程的主体，尽可能地让学生主动参与学习，积极互动。教师必须运用各种教学媒体和资源，创造一个轻松活泼的学习环境，帮助学生达到学习目标。⑤课后检验（Post-Assessment）。再次测试学生的学习状况，测验学生是否有所收获。⑥总结（Summary）。用简练的语言总结这节课的知识或技能要点，以巩固学习内容。

第三，明确记录。一般采用录像的方法对教师的行为和学生的行为进行记录，以便及时直观地进行反馈评价。例如，由于条件所限，不能在微格教室进行培训，使用一台摄像机或 DV 机也能实现记录。对于扮演学生角色的学生而言，应按要求进入角色，要像该年级的学生；有时可让学生扮演一位经常答错题的学生，以培训受训者的临场应变能力。

3. 微格教学训练——评价反馈

第一，重放录像。为了使受训者及时直观地获得反馈信息，当角色扮演结束后立即重放录像，教师角色、学生角色、评价人员和指导教师一同观看，以观察受训者达到培训目标的程度。

第二，自我评价。看过录像后，受训者进行自我剖析，检测是否达到培训目标。

第三，同伴评价。小组成员和组外成员集体评议，判断该技能训练效果如何、方法运用是否恰当等。

第四，教师评价。指导教师的评价应尽量客观、全面、准确，总结受训者的优点及不足之处。

二、高中教学管理中微格教学的实验室管理

（一）高中微格教学的实验室使用现状

依托微格教学及微格教学实验室训练高中教师的教学技能，涉及的工作复杂又细致。

第一，要求指导教师有高度的责任心，对微格教学中训练高中教师的每一个实施环节做到精心安排、认真指导，结合高中教师的教学实际水平因材施教，使不同程度的高中教师在各自的基础上都有所提高。同时，指导教师应注意控制训练的进度，结合受训高中教师实际，适时提出新的训练要求。指导教师还应采取灵活多变的教学训练途径对高中教师的教学技能进行训练。

第二，依靠微格教学及微格教学实验室训练高中教师的教学技能效果的好坏还取决于各级各类主管部门及学校自身对微格教学在培训教师方面优势的理解，从而增加微格教学实验室建设方面的投入。

第三，高中微格教学指导教师的数量与质量也决定了微格教学及微格教学实验室训练高中教师的教学技能的效果。

基于以上原因，高中利用微格教学及微格教学实验室训练高中教师的教学技能的现状不容乐观。许多国内一流高中，尽管教学设备先进、学习环境优良，却没有高质量的微格教学实验室用来训练高中教师（尤其是新教师）的教学技能。由于缺少微格教学实验室，国内绝大部分高中不得不让新教师直接到教学一线逐步完善教学技能，在不同程度上影响了教学质量。甚至许多高中教师及校长根本不知道微格教学及微格教学实验室为何物，何谈发挥其在训练教师技能方面的优势。因此，利用微格教学及微格教学实验室训练高中教

师的教学技能必须引起高度重视。

（二）高中微格教学的实验室管理方法

鉴于高中微格教学在培养高中教师教学技能方面的独特优势及其目前存在的问题，加强高中微格教学实验室管理，对微格教学实验室的有效管理途径进行深入研究是非常迫切的。

第一，制定严格的微格教学实验室管理制度。高中微格教学实验室（含教学示范室）是培训高中教师教学技能，面向各学科实施教学实践的专门场所，集中了大量精密、昂贵的电教器材，为高中师资培训提供了优越条件。为了便于管理，更好地为培训教师服务，各高中应制定严格的微格教学实验室管理制度。

第二，制定管理人员岗位职责。制定明确的微格教学实验室工作人员管理岗位职责、强化责任，使其主动承担岗位职责范围内的一切事故责任，积极协助指导教师利用微格教学实验室上好实践教学课。管理人员应坚守岗位、热情服务。开课前应做好准备工作，调试好设备。每天课程结束后必须对室内设备、设施进行认真检查；及时解决上课期间教师在操作设备中遇到的问题和设备故障；定期维护设备，做好实验室的使用登记、使用情况记录工作；听取指导教师和受训教师的意见，不断改进服务态度和服务质量。

第三，制定微格教室的使用制度。为保证微格教学实验室使用安全，应制定严格的微格教学实验室使用制度：一是凡使用微格教学实验室的教师，使用前须经专门培训，掌握实验流程和设备的正确使用方法；二是教师在微格教学实验室上课前必须由指导教师进行分组，在指导教师的带领和指导下进入微格教室上课；三是使用微格教学实验室的教师要穿戴鞋套进入教室，维护室内整洁，保持设备的完好，使用完毕后做好清洁工作；四是教师在微格教学实验室上课应听从管理人员和任课教师的指导，爱护室内设施、设备，正确使用设备，必须严格按照教师指导的操作规程操作；五是未经管理员教师同意，教师不许搬动室内器材，以及私自安装和拆卸教室内的设备，因违规操作或擅自使用而造成损坏，须照价赔偿。

第四，设有专门的负责机构。高中教学管理部门应全面负责微格教学实验室的管理并安排专人负责日常管理和培训。每学期开学初按教学计划，应把须使用微格教学实验室的教学任务直接下达到微格教学实验室，其他须使用微格教学实验室的课程应在使用前一个月填表向主管部门申请。教学上有特殊要求的，高中一线教师须提前一周与主管部门联系。教师个人使用微格教学实验室，应提前一周向主管部门申请，登记后由主管部门统一与管理人员协调、安排课时。主管部门要安排专门的管理人员负责管理微格教学实验室，要求教师使用微格教学实验室的前后均应认真检查各种设备与设施是否完好，发生设备故障应及时通知管理员处理。管理员和教师使用微格教学实验室结束后要认真填写《微格教学实验室使用记录》。抓好微格教学实验室设备的保管和更新，要根据现代化教学的发展趋势和特点，根据本校的财力、使用能力和实际需要，有计划、有步骤地进行更新换代，以确保微格教学设备的先进性和时效性。

此外，改变高中微格教学实验室制度管理与情感管理的不平衡状态，实现高中微格教学实验室管理以人为本，达到真正服务于实践教学的目的。各高中领导应重视微格教学实验室人员管理工作在学校各项工作中的特殊地位，尽可能地选派高学历人员到微格教学实验室管理岗位上，重视人员的管理和素质的提高工作，给他们创造进修深造的机会，改变其知识老化、观念陈旧、能力低下的现状，充分发挥微格教学实验室在教学改革中的服务功能，对教师教学质量的提高、职业的成熟和专业的发展起到促进的作用。

第三节　高中教学管理中的现代远程教育实践

远程教育技术在教育培训中的使用比较广泛，然而远程教育取得的教学成效尚不明显。现代远程教育主要是通过计算机网络技术以及多媒体技术进行开放式的教学模式，此种教学模式可以形成图文并茂以及身临其境的学习气氛，给人才的发展提供终身学习的便利条件。

现代远程教育是通过现代信息技术展开的一种教育形态，是创建在现代信息通信技术前提下的网络教育，将函授教学以及广播电视教学视作辅助内容，将学习者视作主体，学生与教师和学生与教育单位之间以多媒体手段完成通信联系，也称为网络教育。

一、高中教学管理中的现代远程教育的特性

第一，开放性。以往的学校教育具有封闭性，特点是教育资源存在于校园内，接受教育的人往往是社会中的精英，而现代远程教育本质的特征是开放性，主体为大众，共享信息资源，其是为了大众的教育需求而产生的。

第二，扩展性。以往的学校教师把众多学习者会集在学校中，在某种机制之下，教师对学生进行教授，呈现出教育资源和功能收缩汇集的教育形式。现代远程教育是将信息传给多个学习者，通过先进技术向外传输信息内容，也就是把教育资源以及功能进行扩展，适应现代化教育终身学习的思想。

第三，手段中介性。和以往的学校教育进行对比，现代远程教育依托先进技术和网络资源进行活动，因此针对远程教育的多个流程，包括注册报到、教学活动以及评价信息反

馈等，都需要媒体中介作用的引进。即便以往的学校教育需求媒体技术，然而其不和远程教育一样对传输手段存在依赖性，所以说缺少媒体中介手段，现代远程教育活动难以进行。

第四，管理性。现代远程教育在一定程度上呈现出目标性与调控的特征，以特殊的方式以及机制调整教育活动的进行，表明现代远程教育方式富含管理性。

二、高中教学管理中的现代远程教育的形式

第一，课程教授。首先是远程及时教授，此种教学模式借助卫星网、电话网以及有线电视网进行教学，教师和学生可以不在相同的地点，学生借助网络在相同的时间内倾听教师教授的内容，同时视频会议的内容存在交互性。教师设计教学内容，选择科学的教学软件完成教学，在多媒体先进技术的展示下丰富教学内容。其次是远程非及时教授，包括视频教学、CAI 软件教学、多媒体课件等进行现代远程教育活动。

第二，个别化自主学习形式。首先是资源学习，鼓励学生利用多项学习资源参与学习活动，了解校园网、科研网等查阅多媒体课件或者数据库等，得到需求的知识。学生借助网络和世界上的专家学者进行直接沟通，获取帮助，且现代远程教育中存在的导航功能，可以避免学生在学习期间出现迷航的现象。其次是基于问题的学习，此种思想为自主性较强的学习方式，学生在活动中探索与发现问题，解决问题，收集学习资料，以实践以及实验完成验证与整理。把烦琐的内容布设在问题情境里，使学生在处理真实问题的过程中领悟问题的真谛，调动学生学习热情和兴致，发挥现代远程教育的价值。

第三，案例教学形式。案例教学以教学目标为中心，将其编写为教案，在教学过程中展现教学的冲突和矛盾，启迪学生分析和思考，或者在实际生活中把经验加以条理化与系统化的加工，包括问题学习、讨论学习和合作学习的特征。"网络以及超文本的特点代表着在网络中存有的教学内容可以呈现出网状结构，更加和人类的联系记忆结构相贴切，便于学生知识结构的补充。"[①] 因为网络中信息资源的链接、共享以及复制操作比较方便，可以创设案例库，所以，网络模式下案例教学活动能够满足学生主体性成长需求，促使学生分析能力和联系实际能力的提升，可以在现代远程教育中大力推广。

三、高中教学管理中的现代远程教育管理模式

（一）管理模式构建的思考

教学管理机制是指学校管理期间制定的一系列教学行为准则，存在较强的约束力，其

---

① 杨日新. 现代远程教育教学管理模式构建分析 [J]. 智库时代，2019（52）：211.

作为教学系统的核心组成部分，也是学校加强教学管理、维持教学秩序、强化教学质量的保障。针对城市现代远程教育教学管理模式的构建，需要在以下环节中加以深入的监控。

第一，机制建设与教学文件的管理。在远程教育教学管理模式的构建中，学校管理者为了满足工作需求，要强化机制的延续性和发展性，整合教学管理机制，注重机制的创新，增强机制设计的个性化。针对教学文件的管理工作，涉及专业的分析论证、专业规划设置、专业教学方案的设置、教学大纲与考核说明的设置、教学计划的落实等。

第二，课程建设与教学点的管理。现代远程教育教学管理模式中，应该关注课程建设的管理，基本流程如下：将教学大纲分为中心设计课程计划、成立课程小组、设计教学大纲、编制教学方案、制作多媒体教材、审核、验收、试卷的编写、课程总结性评估、课程管理和优质整合。针对教学点的管理，不仅要完成教学点条件与职责的明确和教学点的申报，还应该加强对教学点的教学管理和控制。

第三，师资与学籍管理。现代远程教育教学管理应该设计师资团队的管理内容，包括教材编写、课程教授教师、课程专业责任教师、辅导教师和导学教师的管理等。针对学籍管理，包括入学注册与学籍获取、构建学生学籍档案、审查成就、纪律和奖惩设置、毕业单位颁证等。

第四，课程考核与学习过程管理。对于课程考核，设置形成性考核以及总结性考核形式，含有命题、组织、考核、信息合成与成绩上报环节；针对学习过程的管理，入学检验和入学教育、开展自主学习活动、教师亲自指导教学活动、提供多媒体网络学习资源以及评价学生完成的作业。另外，设置网络教务管理系统、在线网络平台、网络考核系统以及图书资源管理系统等都可以强化现代远程教育教学管理的效率。

（二）管理模式构建的依据

现代远程教育教学管理是确保远程教育质量的一个重要内容，若教学管理工作没有落实或者不能保证教学管理的质量，便会由于管理模式的不健全降低远程教育效率。因此，如何构建现代远程教育教学管理模式对教学管理进行改革，力求保证教学管理的每一个环节都可以标准化进行，从而产生积极的影响。教学管理模式构建的理念便是远程教学管理思想以及现代远程教育思想，实践环境成为现代远程教育技术引进在教学管理中的经验归纳形式。教学管理模式的构建要考虑到两点：首先是教学环境应该完整；其次是管理流程应该规范。把教学环节以及管理进行结合，构建操作简便、结构清晰的管理结构。

（三）管理模式构建的内容

在高中进行现代远程教育管理模式的构建，应该设置管理的主线、管理的关键点以及管理的评价核心内容。首先，管理的主线应该是教学环节的执行过程；其次，管理的关键点应该是教学管理层面和教学活动组成的框架，将此内容视作现代远程教育管理质量的检验依据；最后，管理的评价便是教学环节进行期间以及结束之后，要专一化地评价教学质量和教学目标的完成情况。具体的五个关键点如下。

第一，制度方面。一些单位负责传递上级教务管理思想和教育精神，在上级学校精神的前提下，设置符合自身学校进行的远程教育准则，需要健全现有的现代远程教育文件以及机制，彰显现代远程教育管理模式的规范性。

第二，导学方面。课程专业教师应该做好课程设计、教学课件使用参考、教研活动的开展方式、学生学习指导模式以及形成性考核等工作，立足于学生综合素质的培养，综合开展远程教育工作。

第三，学习方面。每一个课程专业教师以及管理负责人都要细致地指导学生设计自己的学习计划、开展多媒体学习活动、调动学生参与网络学习或者小组学习计划、完成日常作业与实践环节目标、提高素质技能等。

第四，服务方面。网络环境的巧妙创设以及网络导向、学习情境提供、作业批改和实践操作、课程学分管理和学业审核、心理咨询以及素质教育活动的进行。

第五，系统方面。呈现现代远程教育教学管理的优势，收集、加工与整理教育信息资源，结合现代远程教育的系统信息对教学环节进行针对性管理，形成教务教学信息统计工作模块和学生形成性学习评价模块。

综上所述，现代远程教育教学管理模式研究课题的开展具有十分重要的现实意义和价值，现代远程教育完成信息资源的实效性共享，促使诸多学习者可以在相同时间内接收学习的信息资源，便于文明社会的有效建设。新时期下，现代远程教育管理模式应该被细致地构建，设置管理内容，健全远程教育发展方针，确保现代远程教育存在的效用能充分发挥出来，满足学生的学习发展需求。

参考文献

［1］曹百正．提升课堂教学有效性的策略［J］．文学教育（下），2020（7）：70—71.

［2］曾繁仁．走向二十一世纪的审美教育［M］．西安：陕西师范大学出版社，2000.

［3］陈光海，汪应，杨雪平．信息化教学理论、方法与途径［M］．重庆：重庆大学出版社，2018.

［4］陈立君．班级管理中美育的渗透［J］．西部素质教育，2019，5（24）：84.

［5］陈雨亭．创造型课堂教学文化的特征［J］．中国教育学刊，2011（1）：47.

［6］高方银．信息化教学能力培养教程［M］．成都：西南交通大学出版社，2017.

［7］郭平．中学教育学［M］．成都：西南交通大学出版社，2015.

［8］郭芹，方来，高春艳．现代教学管理与校园建设研究［M］．长春：吉林人民出版社，2020.

［9］贾素娟，杜钰，曹英梅．学生教育与教学管理研究［M］．北京：中国商务出版社，2019.

［10］景亚琴．信息化教学［M］．北京：国防工业出版社，2013.

［11］李慧．构建高校信息化教学管理体系的作用及途径［J］．佳木斯教育学院学报，2014（2）：145—145，160.

［12］李振兴，黄沛荣，赖明德．新译颜氏家训［M］．台北：三民书局，1993.

［13］刘满文，罗崇忠，晁文生．中学教育与教学管理［M］．长春：吉林人民出版社，2021.

［14］龙宝新，沈宏军．高效课堂的反思与走向［M］．西安：陕西师范大学出版总社，2017.

［15］卢婷，李博．中学教育评价新论［M］．长春：吉林教育出版社，2012.

［16］时秀芳，赵春燕．信息化教学在高校课堂教学中的应用与思考［J］．信息技术与信息化，2019（10）：158—159，162.

［17］孙卫东．高中教学管理中的低效现象及对策［J］．当代教育科学，2013（22）：26—28.

［18］田方，徐丽丽，吕仁顺．教育教学管理［M］．天津：天津科学技术出版社，2020.

［19］王绍军．虚拟技术在高校信息化教学中的应用［J］．兰州商学院学报，2003，19
（3）：121—123.

［20］翁秋怡，张男星．新高考改革背景下高中高校的机遇与挑战——访第二届高校高中
教育发展论坛与会专家［J］．大学（研究版），2018（2）：7.

［21］吴波，官敏．现代教育技术教程［M］．上海：复旦大学出版社，2012.

［22］吴铎．德育课程与教学论［M］．杭州：浙江教育出版社，2003.

［23］吴云志，张广鑫．高等学校校园文化建设研究［M］．长春：吉林大学出版
社，2007.

［24］吴中民．构建高效课堂的理念与方法［M］．长春：吉林大学出版社，2013.

［25］项家庆．高效课堂的理念与实践［M］．天津：天津教育出版社，2018.

［26］徐晖．高校信息化教学管理模式的探索与实践［J］．信息记录材料，2018，19
（1）：119—121.

［27］徐志辉．基于发展学生核心素养的德育创新与实践［J］．中小学德育，2017
（6）：42.

［28］于璇，代蕊华．新时代普通高中教育发展：困境、机遇与治理路径［J］．基础教
育，2019，16（1）：25.

［29］张嘉志．信息化教学方法与技术［M］．北京：北京师范大学出版社，2011.

［30］赵昆伦，代辰旭．基于高中生身心发展规律的优质教学策略研究［J］．辽宁教育，
2017（15）：8.

［31］钟谷．中学美育及其考核初探［D］．武汉：华中师范大学，2003：4.

［32］钟仕伦，刘敏．中古宗教与自然审美［M］．北京：商务印书馆，2012.

［33］朱宏平．探讨多媒体技术在教育教学中的应用［J］．电子世界，2018（22）：105.